프로바둑강좌 · 초급이상 5

당신은 지금 몇 段·몇 級인가

# 당신의 급수를 채점한다

9단 橋本宇太郎 지음
프로바둑연구회 편

太乙出版社

## 제 1 장

# 초반의 부(部)

## 당신의 점수는?
### 〈문제1~20문〉

# 당신의 점수

● 초반의 부(部)

| 문제 1 | 점 | 문제 11 | 점 |
|---|---|---|---|
| 문제 2 | 점 | 문제 12 | 점 |
| 문제 3 | 점 | 문제 13 | 점 |
| 문제 4 | 점 | 문제 14 | 점 |
| 문제 5 | 점 | 문제 15 | 점 |
| 문제 6 | 점 | 문제 16 | 점 |
| 문제 7 | 점 | 문제 17 | 점 |
| 문제 8 | 점 | 문제 18 | 점 |
| 문제 9 | 점 | 문제 19 | 점 |
| 문제 10 | 점 | 문제 20 | 점 |

| 합　　계 | 점 | 초반의 부 | 급 · 단 |
|---|---|---|---|

| 200점 | 192점 | 184점 | 176점 | 166점 | 156점 | 146점 | 136점 | 126점 | 116점 | 106점 | 96점 | 95점 이하 |
|---|---|---|---|---|---|---|---|---|---|---|---|---|
| ∫ | ∫ | ∫ | ∫ | ∫ | ∫ | ∫ | ∫ | ∫ | ∫ | ∫ | ∫ | |
| | 199점 | 191점 | 183점 | 175점 | 165점 | 155점 | 145점 | 135점 | 125점 | 115점 | 105점 | |
| 7단 | 6단 | 5단 | 4단 | 3단 | 2단 | 초단 | 1급 | 2급 | 3급 | 4급 | 5급 | 6급 이하 |

# 문제 1    흑 선

**힌트** 흑이 급히 두어야 할 곳이 있다.
어느 곳일까?

문제도

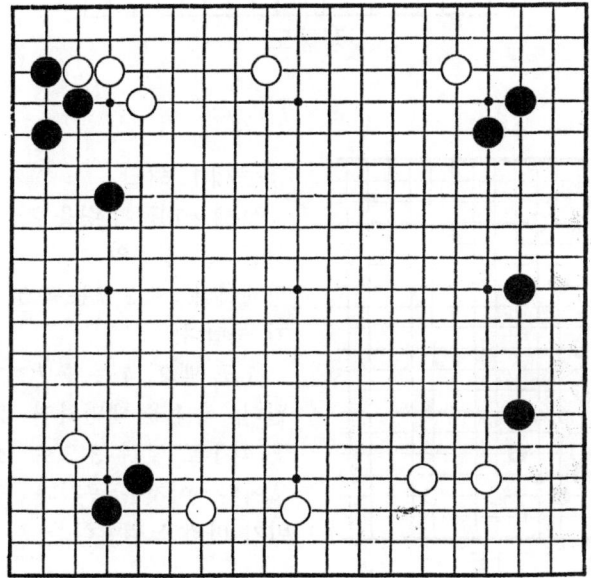

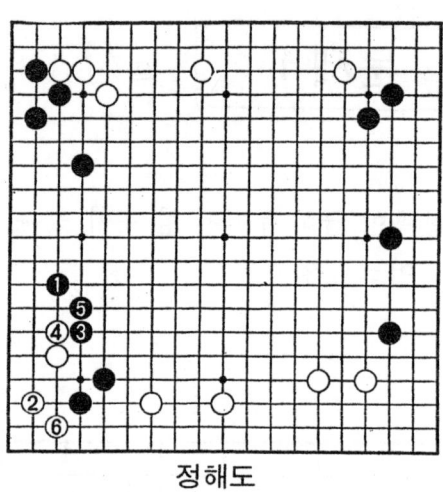

정해도

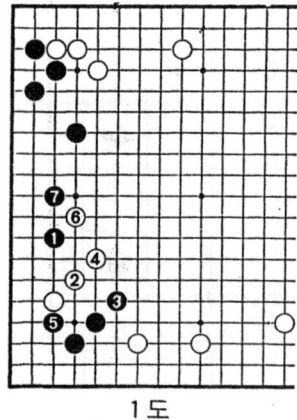

1도

### 문제 1 해답

정해＝10점 벌림을 겸한 협공으로 절호의 점,  1이 정해이다. 백 2에는흑 3, 5가 두텁다.

1도 백 2, 4는 흑 7까지 된다. 흑 1을 태만하면  2도 백 1로 달려 3으로 호조이다. 이것은 공격과 수비가 바뀐 느낌이다.

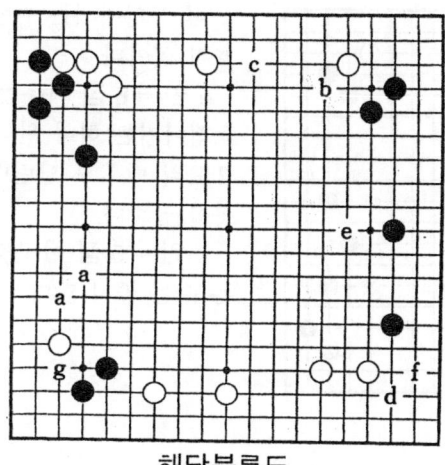

해답분류도

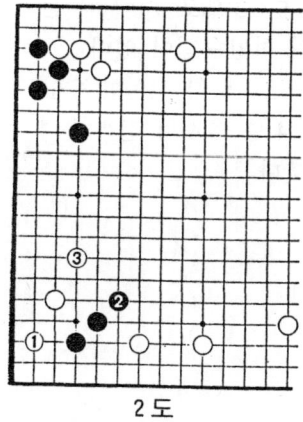

2 도

해답분류

a 안＝9 점 이곳의 착안
은 정해 다음이다

상변에 돌이 올 수 있는
착상이다.

b 안＝8 점 이곳을 두면
우변 일대가 크게 부푼다.

c 안＝6 점 이곳에 침입
하는 수도 있다.

d 안＝6 점 3·3의 침입
은 급하지 않다. 시기를 보
아 둘 곳이다.

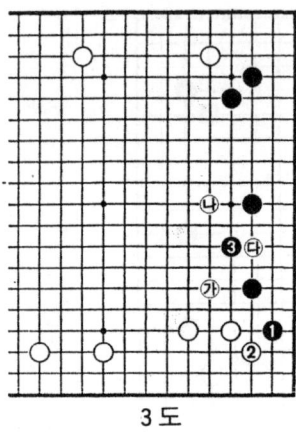

3 도

이 모양에서는 좌변이 절호의 곳이다.

e 안＝6점 씌우는 것이 호점이기는 하나 완착이다. 2도의 백1로 달린다. 이곳이 급소다.

f 안＝5점 이곳을 달리는 수는 좋지 않다.

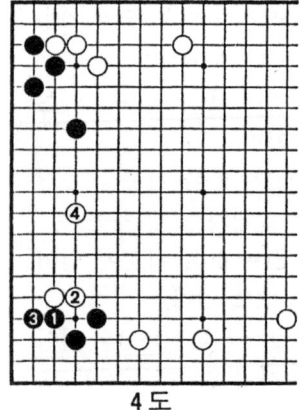

4 도

3도 3으로 ㉮나 ㉯는 ㉰의 침입수단이 있다.

g 안＝5점 견실한 수인가? 4도 백4의 전개가 너무 좋다.

## 문제 2  흑 선

힌트 상변의 큰곳, 좌변의 벌림, 우변의
다가섬등 둘 곳이 많다. 절호의  큰
곳은 어디일까? 어느 곳에서부터 두
어야 할까?

문제도

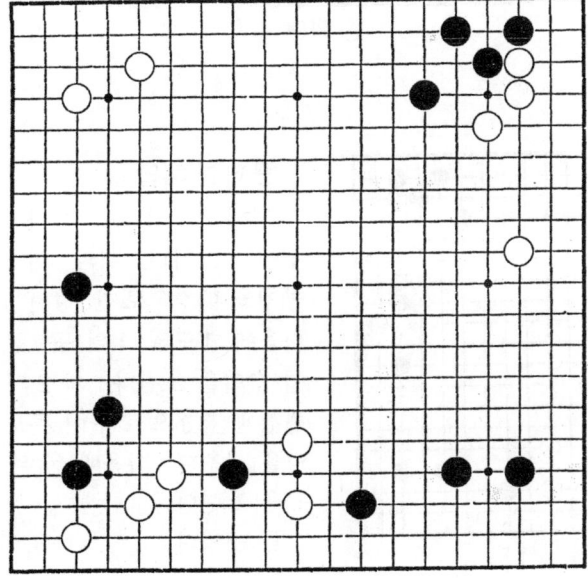

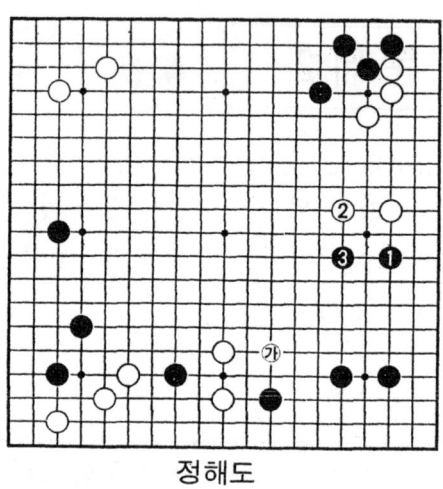

정해도

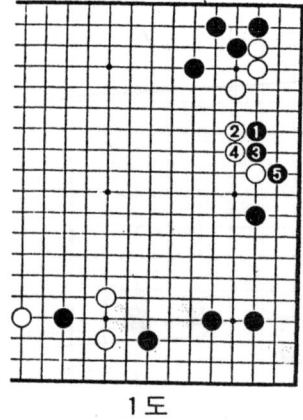

1 도

**문제 2 해답**

정해=10점 흑 1 의 다가섬이 최고이다. 귀의 한칸 큰힘을 배경으로 한 양날개 다음에 1도의 1의 곳 침입 수단을 노린다. 백 2 의 한칸엔 흑 3 으로 뛰어 큰모양을 갖춘다. 다음에 ㉮의 곳을 노린다.

큰 곳이다.

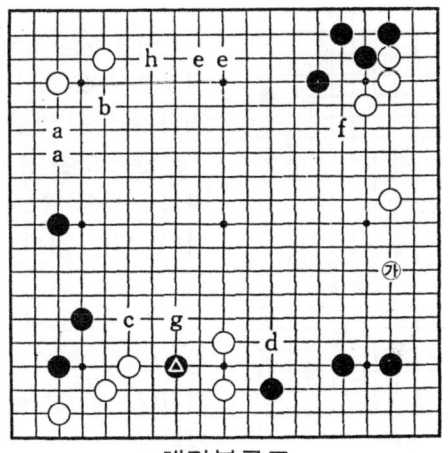

해답분류도

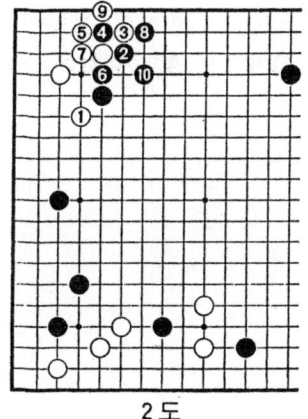

2 도

해답분류

a 안＝8 점 이곳의 벌림
도 큰 곳이다.

b 안＝7 점 기략이 풍부
한 수이다. 백이 두어도 좋
은 곳이다. 이 모양에선 의
미가 회박하다. 2 도 백 1
에서 10까지 —.

c 안＝6 점 흑▲표와
관련된 호점이다.

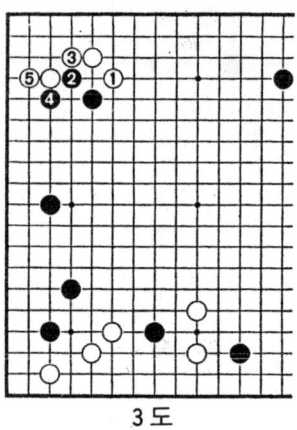

3 도

d 안＝ 6 점 완만한 수. 이것은 흑▲ 표가 뛰어나오거나 ㉮의곳 벌림이 있다.

e 안＝ 5 점 큰 곳인가？ 좌상귀 백이 날일자가 견실하다. 백이 ㉮의 벌림이 좋다.

f 안＝ 5 점 4 도 백 2 의 받음이다. ㉮의 가치가 소멸된다. 이 모양에선 부적당하다.

g 안＝ 4 점 지금 싯점에서 이곳을 나가는 것은 의미가 없다.

h 안＝ 4 점 백의 모양이 날일자여서 효과가 없다.

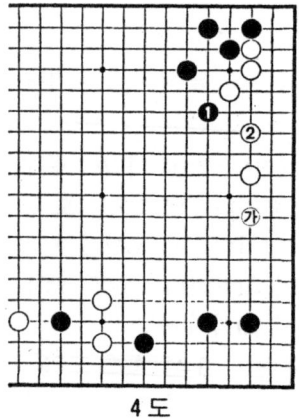

4 도

## 문제 3 　흑 선

힌트 흑백 다같이 정연된 포석이다.
　　흑선으로 두는데 여기서 기선을　제
압하여야 한다.

문제도

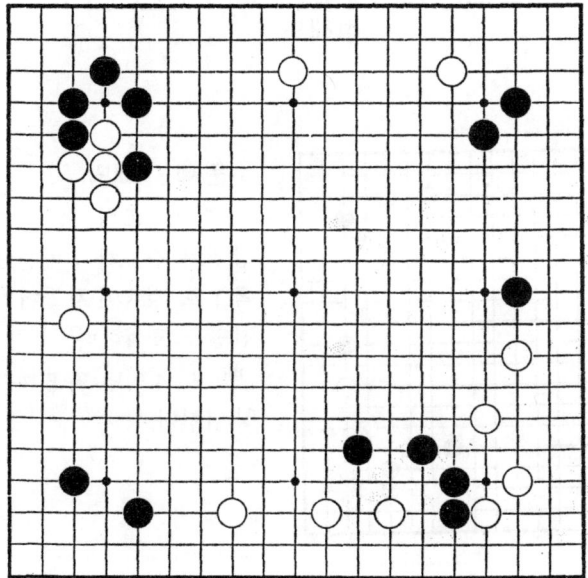

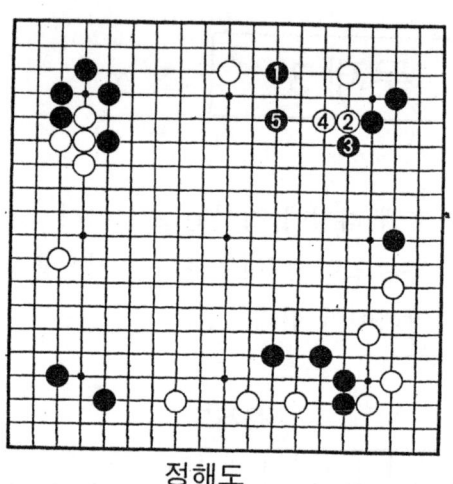

정해도

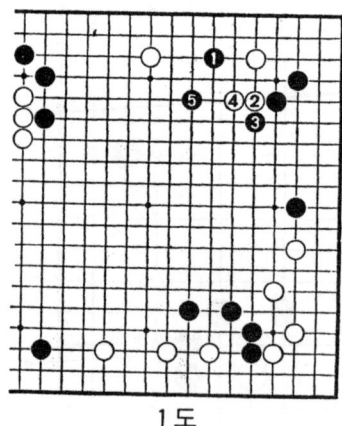

1 도

**문제3 해답**

정해＝10점 흑은 좌
상귀가 견고하기 때문에
흑1로 깊숙이 쳐들어가
전단을 모색한다.

백 2, 4 이면 흑5 까지
양 단한다.

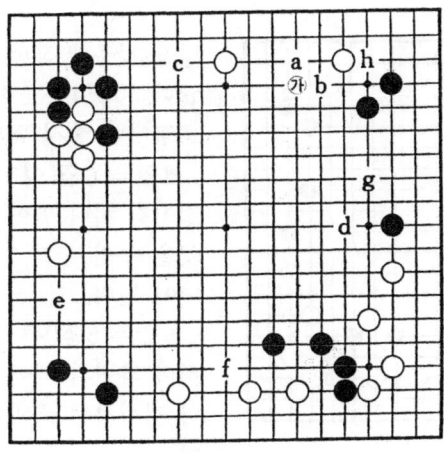

해답분류도

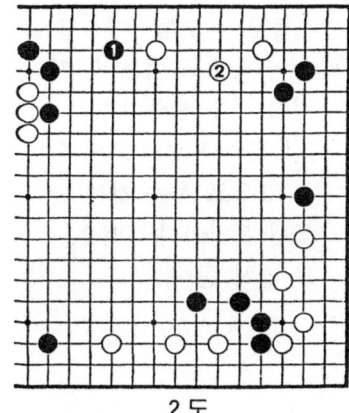

2 도

해답분류

a 안＝8점  착안은 좋으나 장소가 문제다. 1도를 보면 흑1이 정해에 비하여 좋지 않다.

b 안＝7점  이곳을 두는 것은 좋지 않다. 지나친 감이 있다.  이곳은 승부가 이른 느낌이다.

c 안＝6점  백이  모

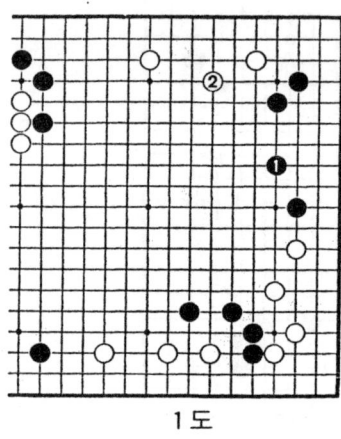

1 도

양을 갖추게 되어 좋지 않다. (2도) 부분적으로 호점이나 좋지 않다.

d안＝6점 이곳도 호점이긴 하나 백이 ㉮의 곳을 두면 좋지 않은 국면이 된다.

e안＝6점 큰 곳이다. 허나 좌변의 백이 너무나 견실하여 효과가 적다.

f안＝5점 하변은 일단락된 모양이다. 상변에 눈을 돌려야 한다.

g안＝5점 견실한 수이나 3도 백2의 지킴이 너무나 좋다.

h안＝5점, 4도의 흑 1, 3으로 두는 것은 중복된 모양이다. 백2, 4로 넓게 둔다.

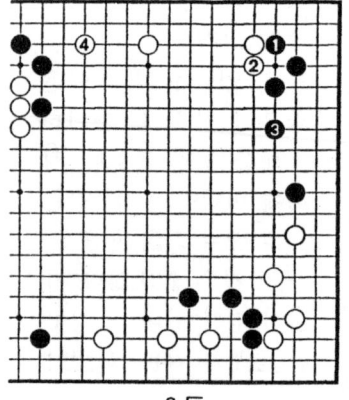

2 도

# 문제 4

흑 선

**힌트** 3 선과 4 선의 배치로 일응 완성이
된 모양이다. 이곳에서는 중앙으로
발전하는 것이 포인트이다.

문제도

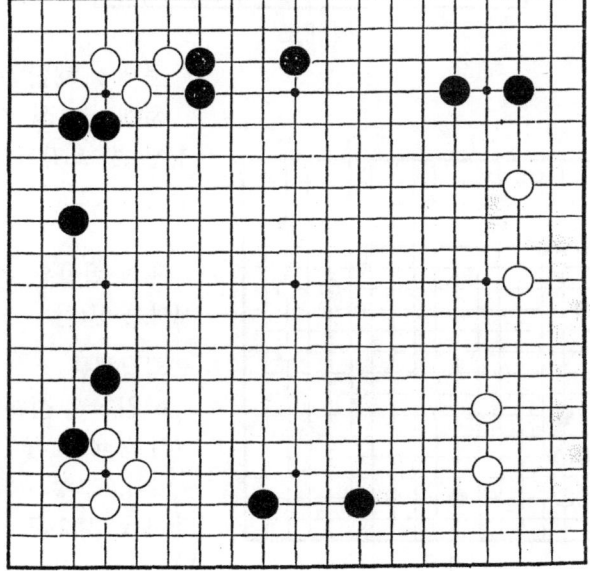

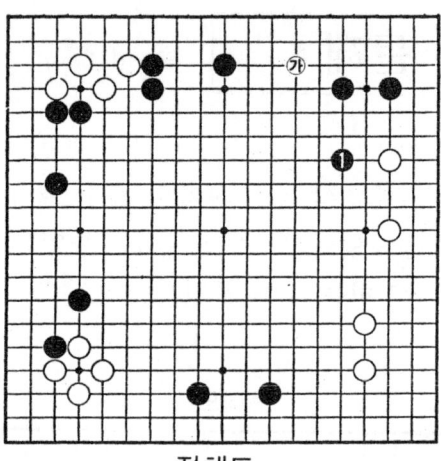

정해도

문제 4 해답

정해＝10점 흑 1이 큰 모양이다. 상변 흑 모양이 크다.

㉮의 침입을 견제하고 있다.

해답분류

a 안＝8 점 이 곳의 봉쇄도 좋은 수이다. 그렇게 되면 1도 백2로둔다. 그렇게 되면

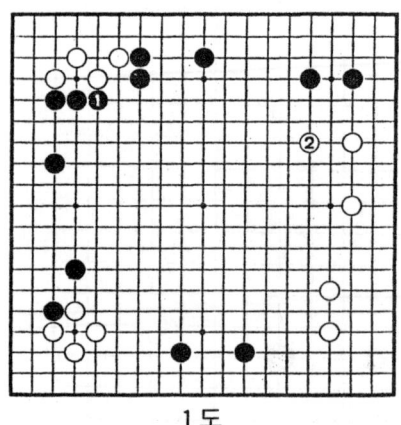

1 도

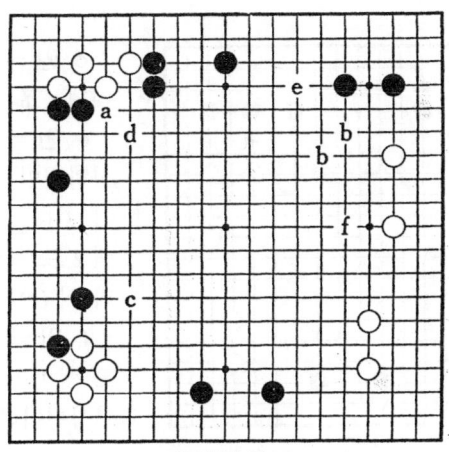

해답분류도

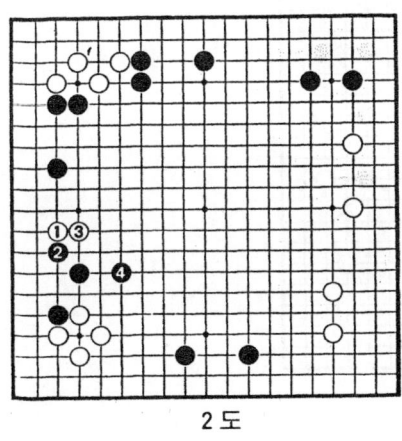

2 도

우변의 백모양이 크게 부푼다.

b 안 = 7 점 착안은 좋으나 부분적인 착점이 문제다.

c 안 = 6 점 이곳은 제2의 장소. 좌변의 백1 (2 도)의 침입을 견제한다. 2 도 백1에는 2, 4로 공격한다.

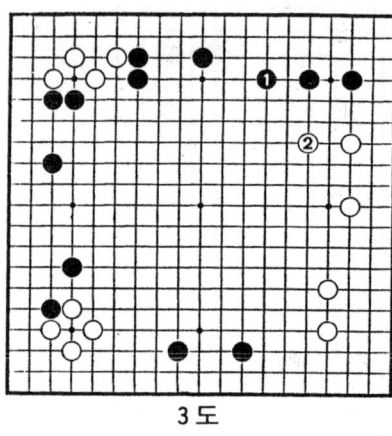

3 도

d 안＝6점 둔
다면 a로 둔다.
e 안＝6점 견
실하지만 발전력
이 없다. 3도의
백 2로 두면 우변
의 삭감이 어렵다.
f 안＝5점 4
도 백 1은 혹 2로
이상형이다.

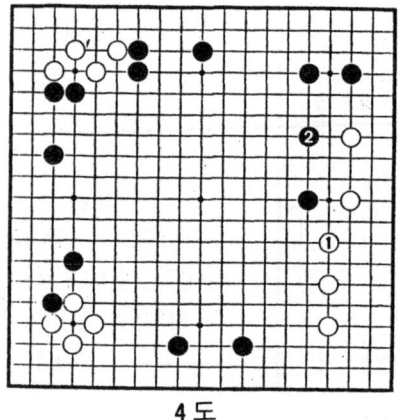

4 도

문제 5    흑 선

힌트 흑이 선번인 포석이다.

이곳에 상식적인 수를 생각해야  한

다.  다

문제도

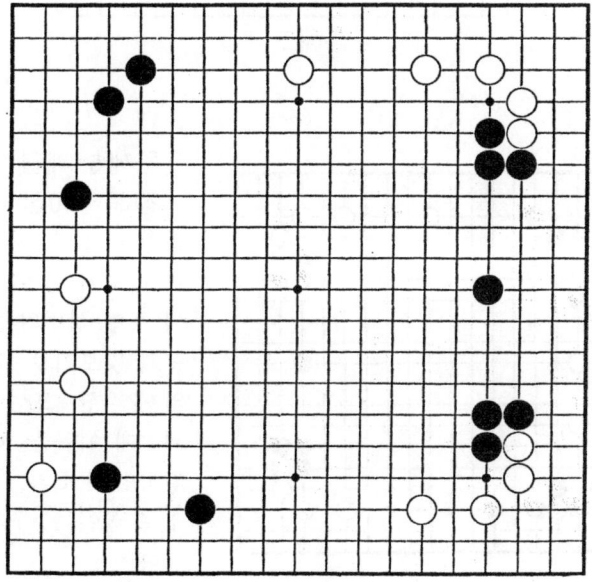

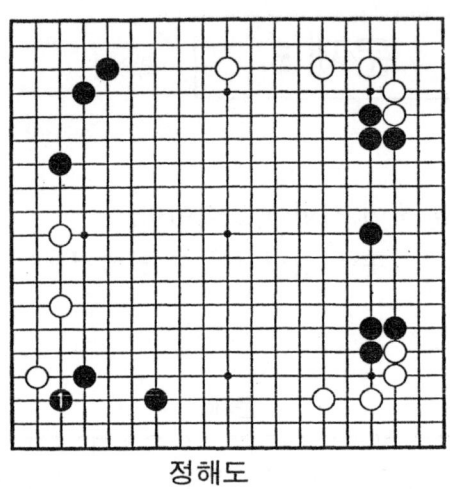

정해도

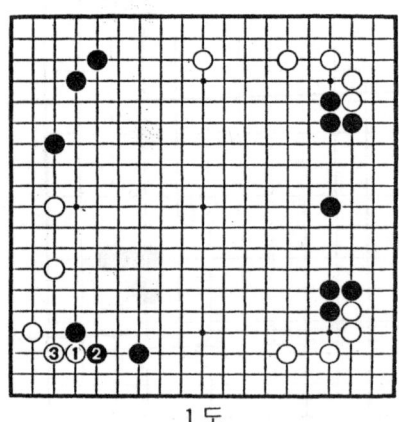

1도

문제 5 해답

정해＝10점 평범한 흑1의 받음이 정해이다. 이곳에 두면 상변의 큰 곳과 맞보기로 흑의 유리한 포석이 되는데 이곳을 태만하면 1도의 백1로 붙이는 수가 크다.

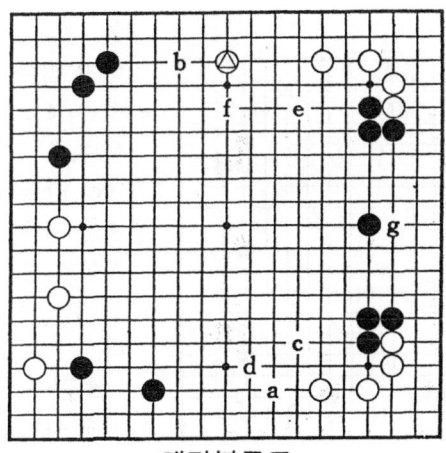

해답분류도

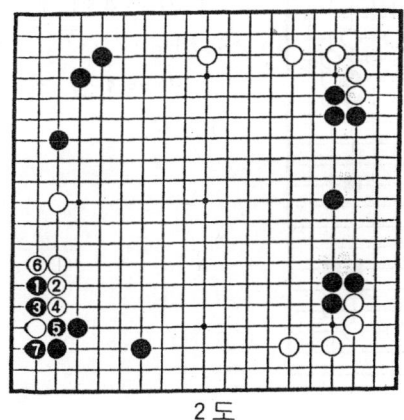

2 도

정해를 둔 다음,
부분적으로 2도
흑1의 침입수단
이 있다.

해답분류

a 안＝8점 흑
a의 다가섬이다.
그러면 3도의 백
2, 4가 두텁다.

b 안＝7점 이
쪽을 다가섬은 급

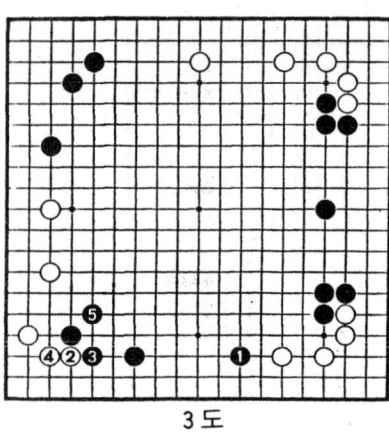

3 도

하지 않다. 그러면 백은 **4도**와 같이 둔다.

**c 안**=7점 우변을 확대하며 왼쪽귀의 응원을 겸한 수. 큰 구상이다.

**d 안**=7점 하변에 둔다면 다음의 c이다.

**e 안**=5점 이곳의 가치가 낮다.

**f 안**=4점 중도 반단

**g 안**=4점 지나친 수.

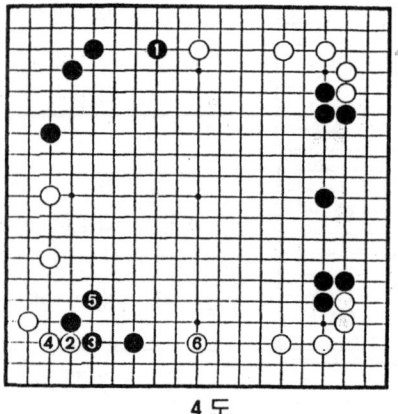

4 도

## 문제 6 | 백 선

**힌트** 넓은 문제이다. 두는 방법이 문제다.
촛점은 3수 정도를 생각해 보아야
한다.

문제도

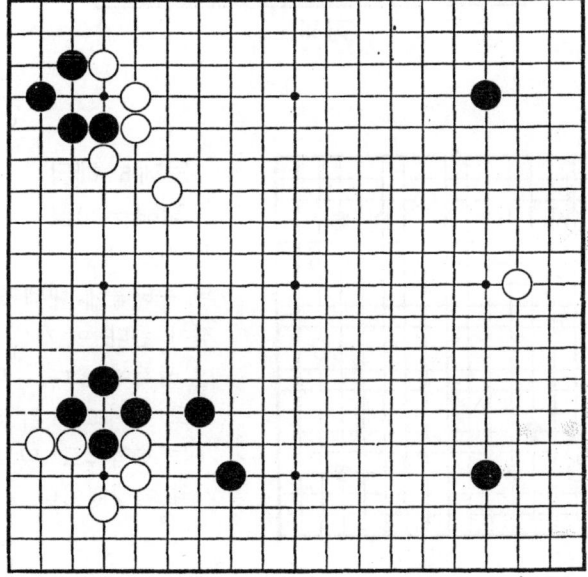

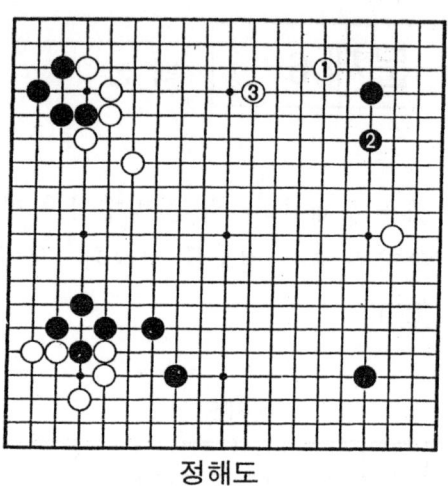

정해도

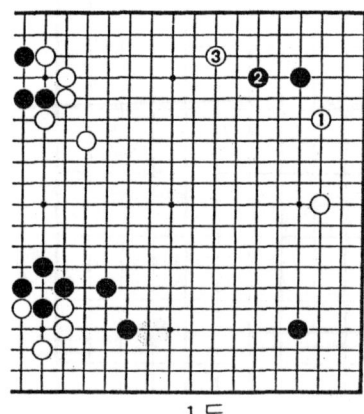

1 도

문제 6 해답

정해 = 10점    이 문제는 좌상귀의 백의 두터움에 대해 촛점이 된다. 이 기본적인 생각이 좋다.  백 1 로 걸치고 3 의 전개는 호점으로 맞보기의 이상형이다.

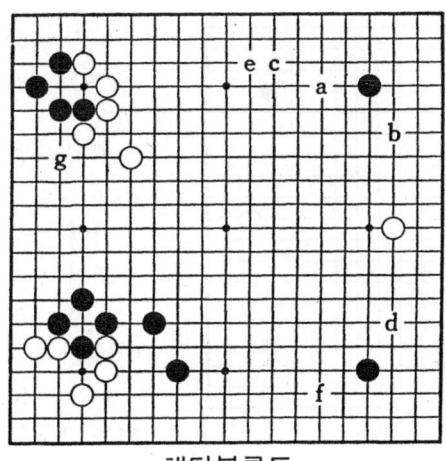

해답분류도

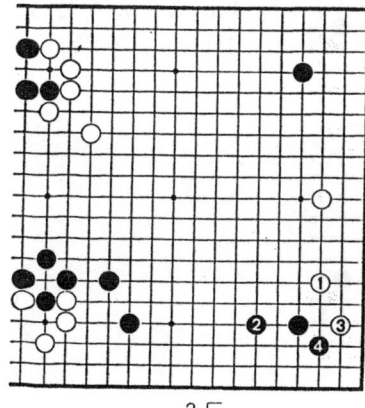

2 도

**해답분류**

**a 안＝8 점** 높게 걸칠 필요성은 없다. 정해처럼 한칸 낮음 이 좋다. 착안은 정해와 같다.

**b 안＝7 점** 반대 쪽은 좋지 않다. 1 도 의 백 1, 3 으로 두 는 것이 유력하다.

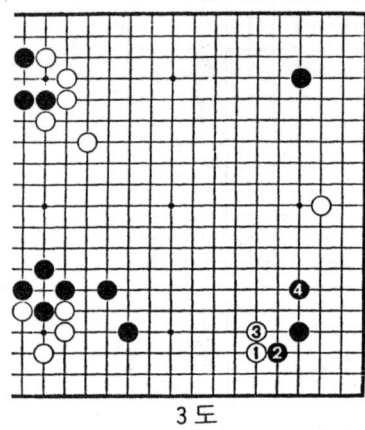

3 도

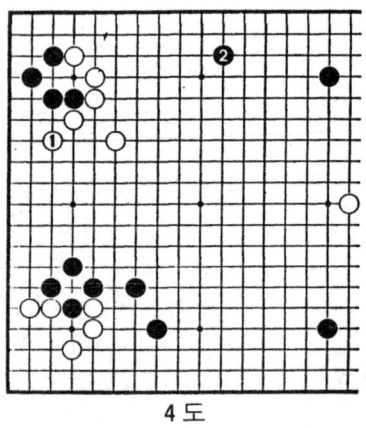

4 도

c 안＝6점 이곳
도 호점이나 조화가
없다.

d 안＝6점 급소
는 아니다. 호점이다.
그러나 부분적으로는
2도가 상정이다.

e 안＝6점 호점
이다.

f 안＝5점 이 국
면은 3도의 2, 4로
공격한다.

g 안＝4점 이 방
면은 두지 않는다.
4도 흑2로 두는 것
이 너무나 두텁다.

## 문제 7 | 흑 선

힌트 보통의 생각으로 안된다.
이것은 대국관을 판정하는 문제이다.

문제도

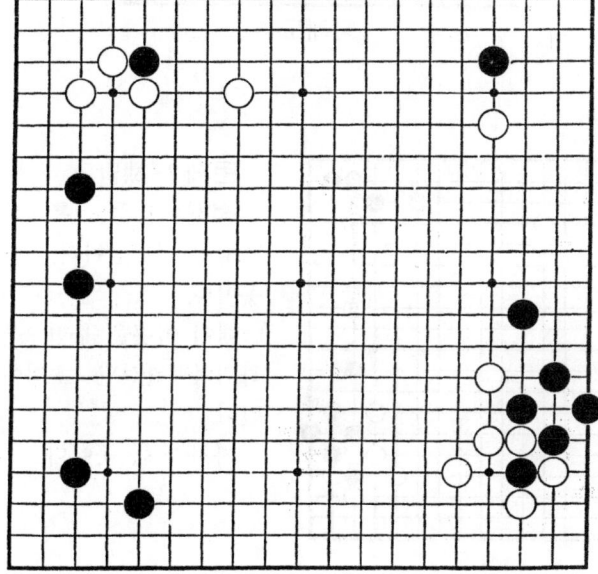

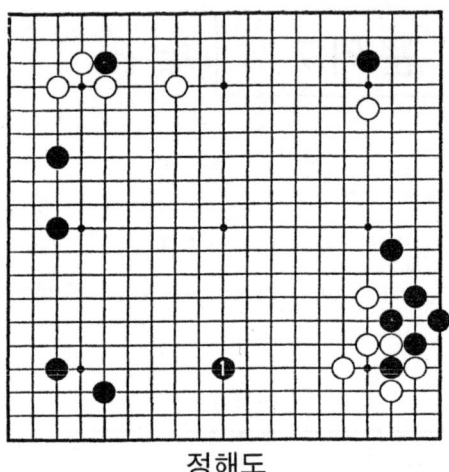

정해도

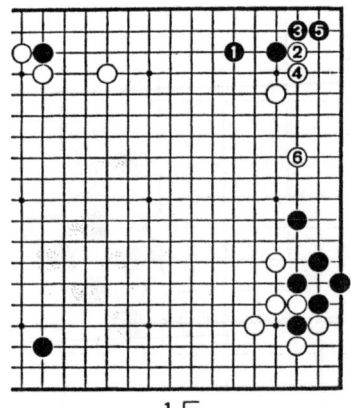

1 도

**문제 7 해답**

정해=10점 흑 1 의 벌림이 절호점이다. 큰 곳이다.

백이 이곳을 두면 우하귀와 관련된 호점이 된다.

가치가 큰 곳이다.

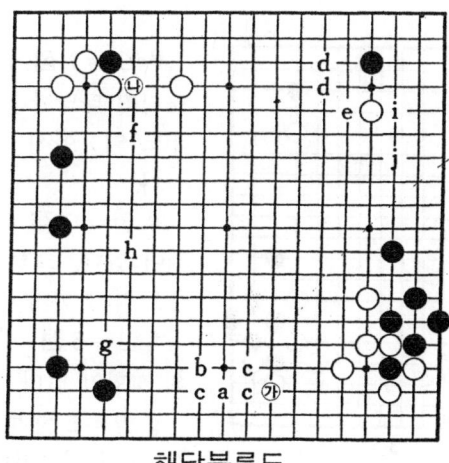

해답분류도

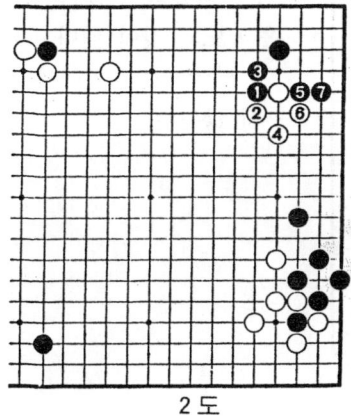

2 도

해답분류

　a 안＝9 점 준정해이
다. 좌상귀가 일자로 낮
게 굳혀있는 상태이다.
　b 안＝8 점 정해에 비
하여 떨어진 느낌이다.
다음에 ㉮의 호점이 남
는다.
　c 안＝7 점 중도반단
인 느낌이다.

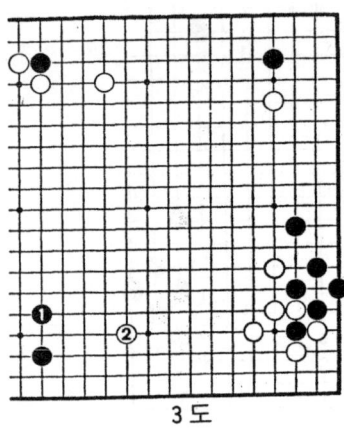

3 도

d 안＝7점 우상귀를
둔다면 타당한 곳이다.
1도 백2에서 6까지
둔다.

e 안＝7점 위의 붙
임이 있다. 그렇게 되면
2도의 7까지 된다.

f 안＝6점 다음 ④
의 젖힘이 있다.

g 안＝5점 백은 3도
의 2가 절호이다.

h 안＝5점 이점도
효과적이다.

i 안＝4점 아래붙임
은 4도와 같이 된다.

j 안＝4점 이곳엔
두지 않는다.

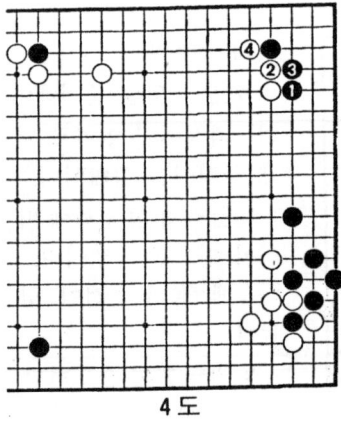

4 도

## 문제 8    백 선

힌트 제 1 감에 정해가 떠올라야 한다.
큰 일은 다음의 한 수이다.    어딜
까?

문제도

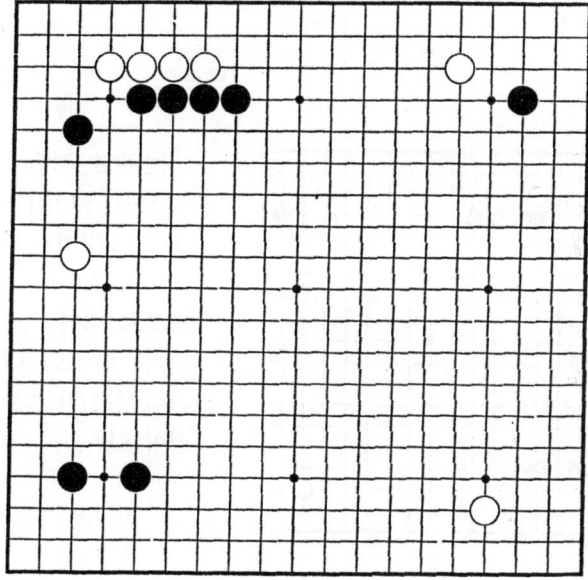

38

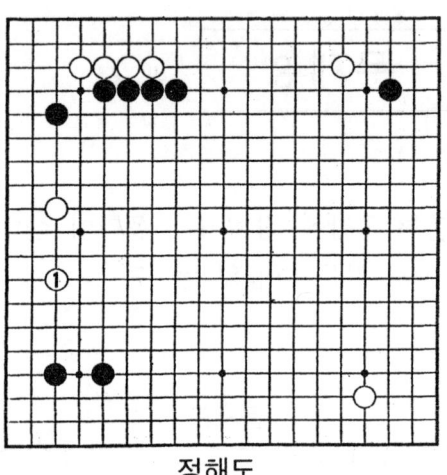

정해도

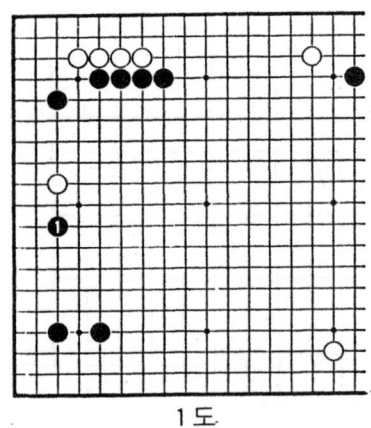

1 도

문제 8 해답

　정해＝10점 백 1의 2칸벌림. 이 곳이 절호이다. 이 점으로 백이 안정된다. 반대로 1도 처럼 흑1의 다가섬이 있다.

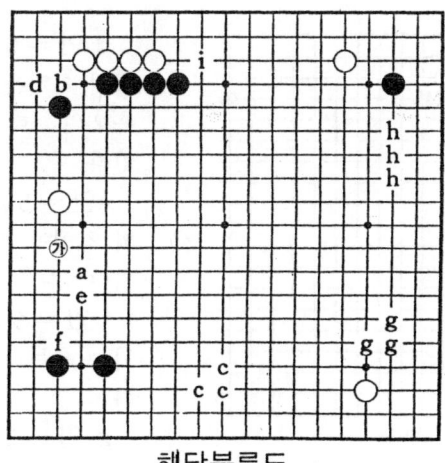

해답분류도

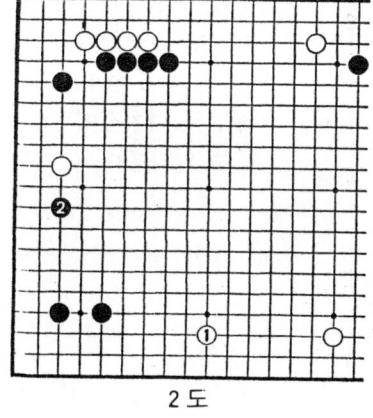

2 도

해답분류

　a 안 = 8 점 높은 다가섬은 불필요하다. ㉮의 결점이 남는다.

　b 안 = 7 점 누르는 수.

　c 안 = 7 점 2 도 흑 2 가 호점이다.

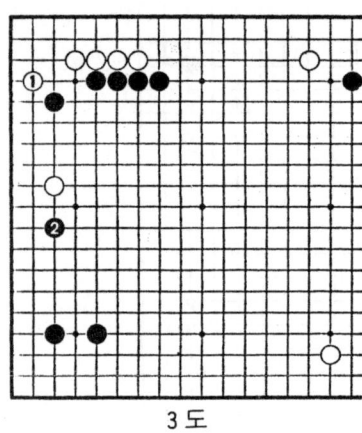

3 도

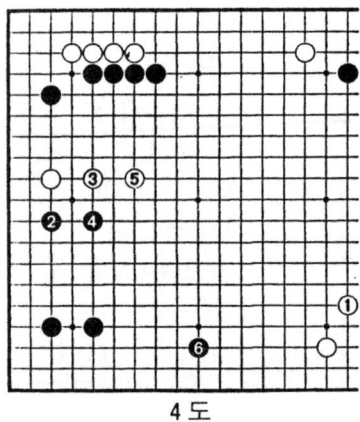

4 도

d 안＝6점 귀
쪽의 지킴은 3도
흑2의 다가섬이
있다.

e안＝5점 ㉮
의 침입이 남는다.
지나치다.

f 안＝5점 붙
이는 수는 지나치
다.

g 안＝5점 크
지 않은 곳. 4도
가 예상된다.

h 안＝5점 이
곳을 두면 좌변의
절호점을 놓친다.

i 안＝5점 1도
흑1의 다가섬이
너무 날카롭다.

## 문제 9  백 선

힌트 서로 엇갈려 있는 호각의 갈림이다.
타개를 겸비한 수는 없을까?

문제도

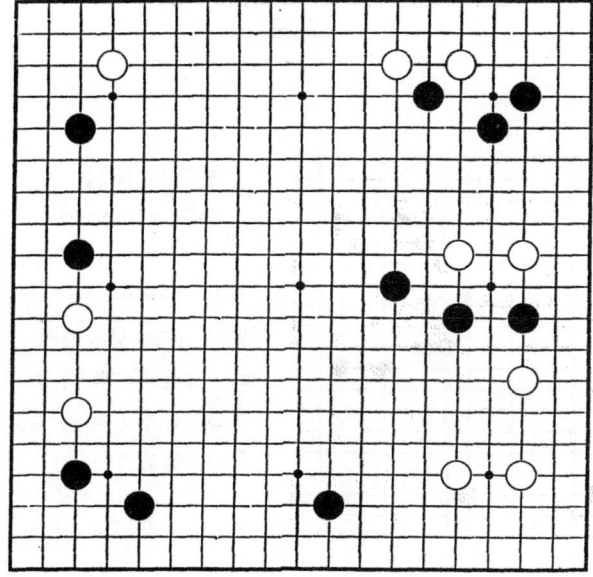

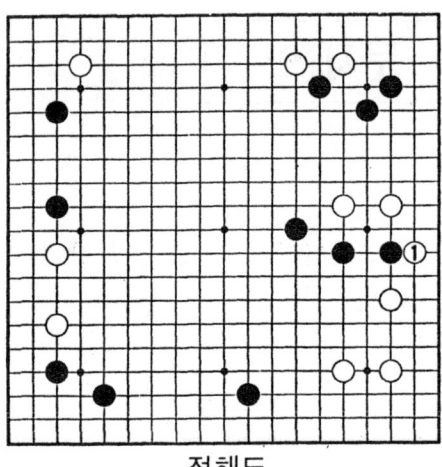

정해도

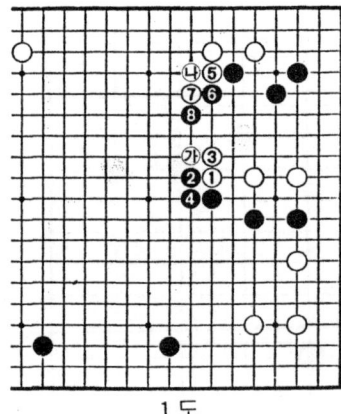

1도

문제 9 해답

정해=10점 이 국면에서는 우변의 백 2점이 엷고 약하여 백 2점을 돕는 수를 생각해야 한다. 1도의 백 1, 3 은 흑 6, 8 까지 되어 ㉮와 ㉯가 맞보기이다.

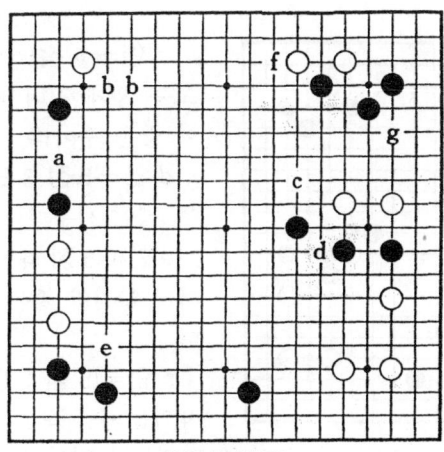

해답분류도

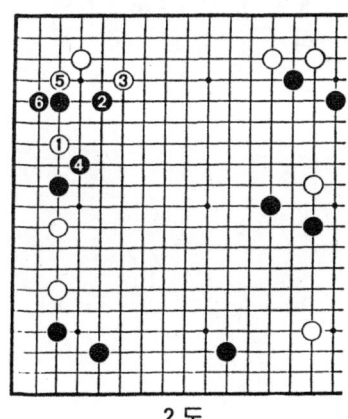

2 도

**해답분류**

**a 안= 7 점** 날카로운 곳임엔 틀림없다. 2 도와 같다.

**b 안= 6 점** 좌변은 달리 급하지 않은 곳이다. 우변을 힘써야 한다.

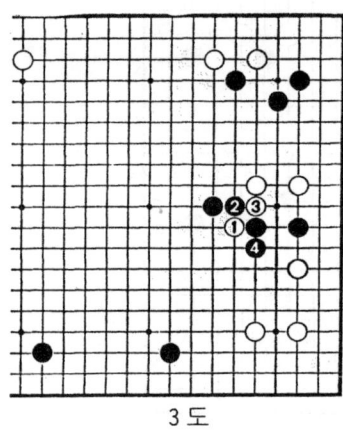

3 도

c 안= 6 점 정해에서 보듯 쉽게 건너가는 것이 좋은 수이다.

d 안= 5 점 3 도의 붙여 끊어 싸운다.

e 안= 5 점 좌변은 급하지 않지만 좋은 점이다.

f 안= 5 점 상변을 지키는 수. 즉, 우변을 지키는 모양이다.

g 안= 4 점 자체에서 살자고 하는 수. 이것은 4 도의 공격으로 손해이다.

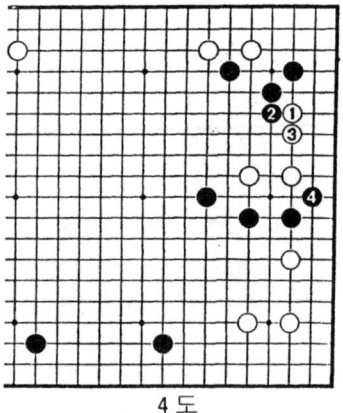

4 도

## 문제 10 　백 선

힌트 쌍방 모두 세력의 분기점에 와 있다.
손을 뺄 수 없는 절대수는?

문제도

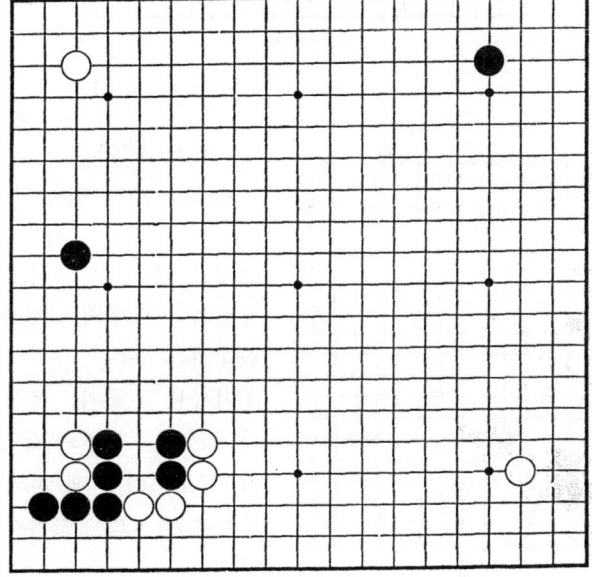

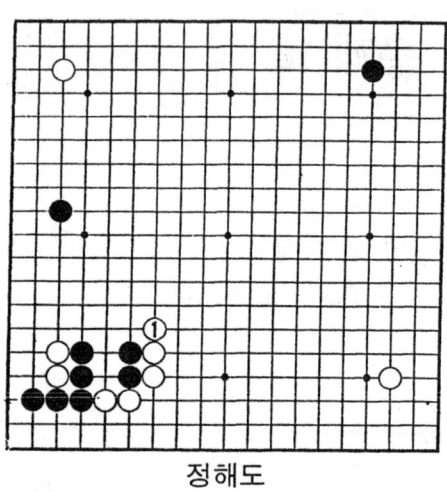

정해도

## 문제10 해답

정해=10점 백 1 의 뻗음이 필쟁의 요처이다. 이것은 좌변의 흑집을 제한하고 우변의 백집을 확대하는 수다.

이것을 1도와 비교하여 보자. 흑 1 의 젖힘이 급소이다. 백 ㉮의 젖힘은 백 3 의 끊음이 있다.

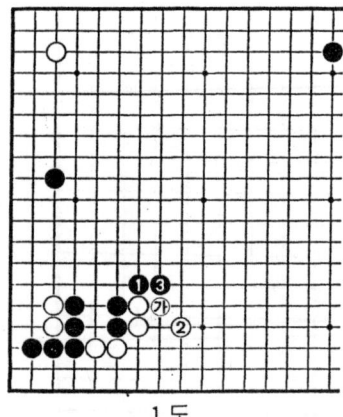

1 도

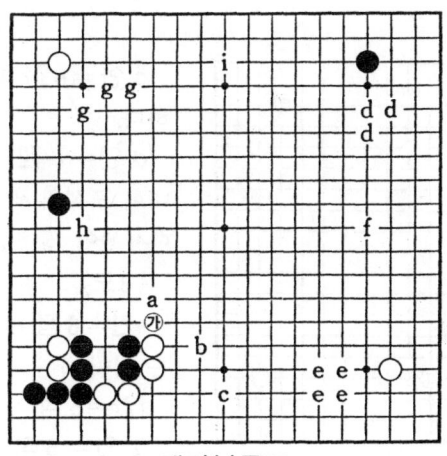

해답분류도

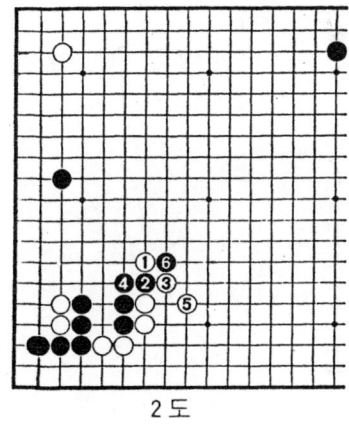

2 도

해답분류

　**a 안＝9 점**　착점은 당연하나 얇은 곳이다. 흑㉮의 끼움이 남는다. （2 도）

　**b 안＝7 점** 흑㉮의 젖힘을 방지하는 변조의 수.

　정해인 ㉮의 뻗음보다 박력이 없다.

48

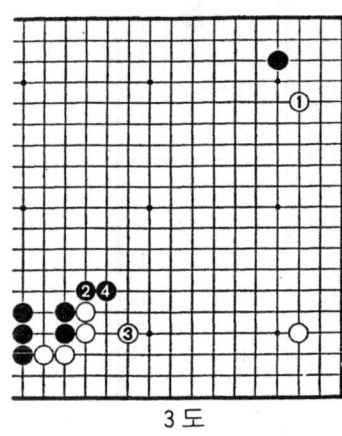

3 도

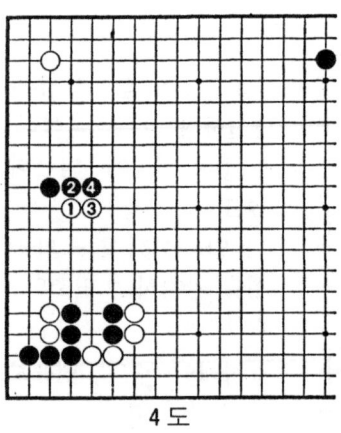

4 도

c 안＝6점 가치가 덜
하다.

d 안＝6점 걸침에
대한 포석의 제1보이다.
대세관이 떨어진다.

(3도)

e안＝6점 d안과 같
은 의미.

f안＝5점 중도반단.

g 안＝5점 3·3은
급하지 않는 곳

h 안＝4점 흑의 견고
함에 시기를 보아 결행
한다.

i 안＝4점 큰곳이지
만 촛점이 아니다.

# 문제 11   흑 선

힌트 중반의 문제이다.
공방의 급소는?

문제도

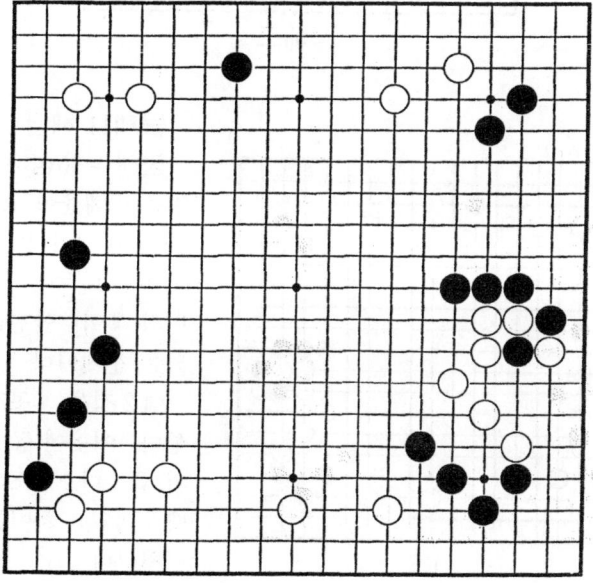

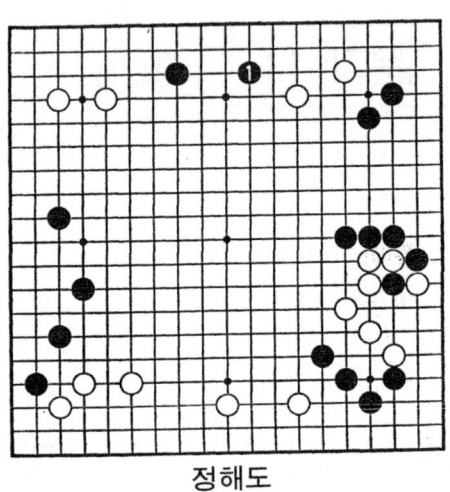

정해도

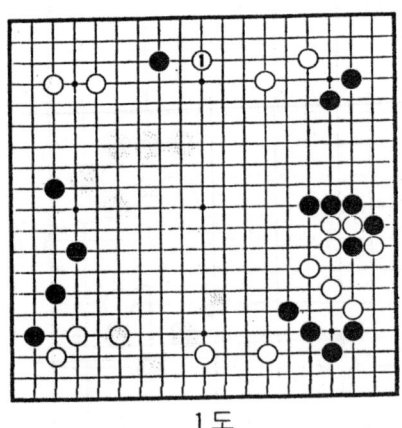

1도

문제11 해답

정해＝10점 이것은 정해율이 100%인 문제이다.

흑1로 두어 상변의 흑이 안정을 하는 문제이다.

백2점을 공격한다. 이곳이 공방의 급소다. 1도의 백1과의 차이는 엄청나다.

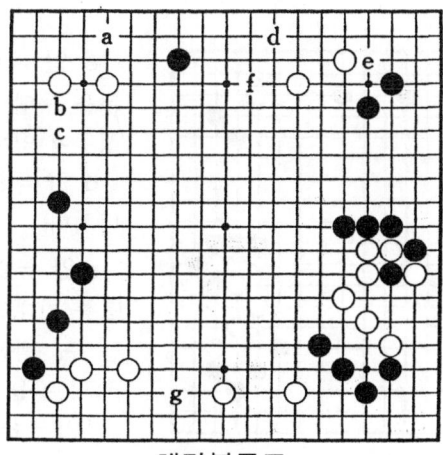

해답분류도

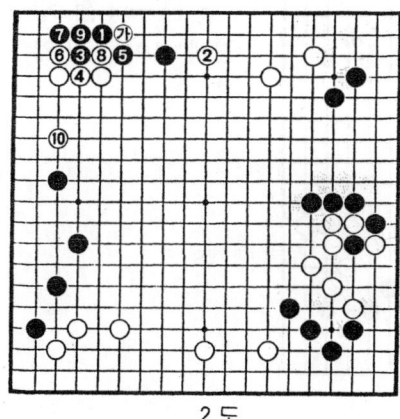

2 도

해답분류

a 안＝8 점 정
해 이외의 호점이
다. 2 도의 10까지
변화이다. 5 로 6
은 ㉮의 붙임이
남는다.

b 안＝7 점 3
도는 시기를 보아
결행할 자리.

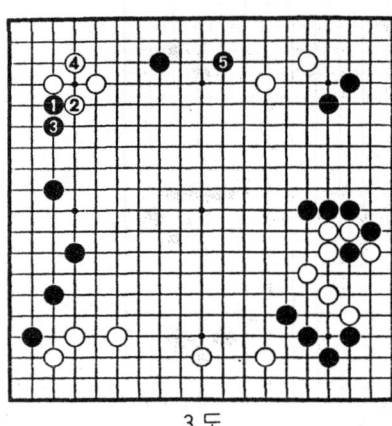

3 도

c 안 = 6 점 이 곳을 두면 백 1 의 협공이 있다.

d 안 = 6 점 지 나치다.

e 안 = 6 점 4 도를 기대하며 두 는 수. 백은 2 로 ㉮의 곳을 둔다.

f 안 = 6 점 높게 두는 것은 필요없 다. (미끄러짐이 있다)

g 안 = 4 점 한 눈에 보아 좋지 않 은 수.

4 도

## 문제 12  백 선

힌트 가벼운 착상을 선택한다. 한칸 차이
가 영향이 커 끝내기가 좋다.

문제도

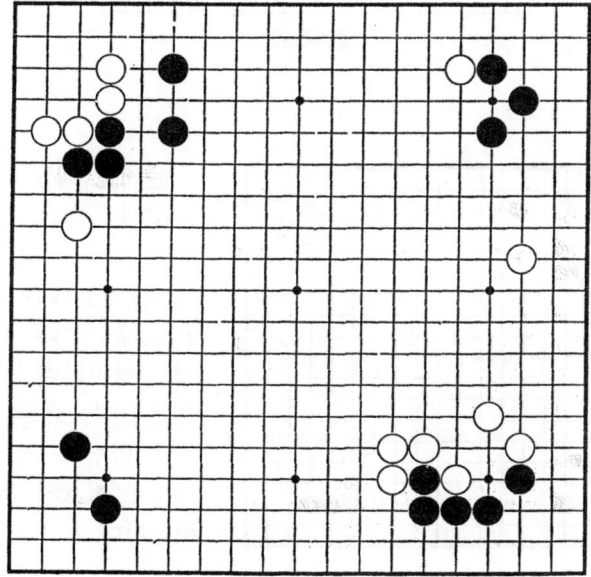

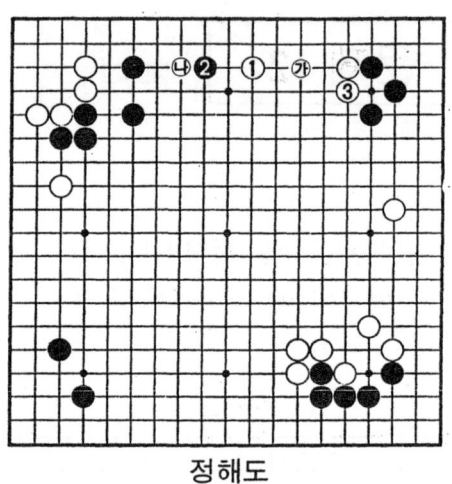

정해도

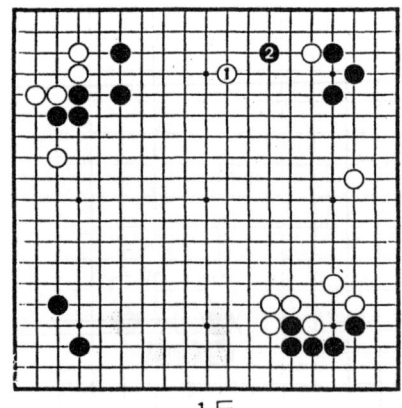

1 도

## 문제12 해답

정해 ＝10점 백 1은 가벼운 착상 이다. 흑 2에는 3 으로 올라선다. 모 양이 정비된다. 흑 2로 ㉮는 백 ㉯의 2칸 벌림이 있다. 백 1은 절호의 뛰 어듦이다.

55

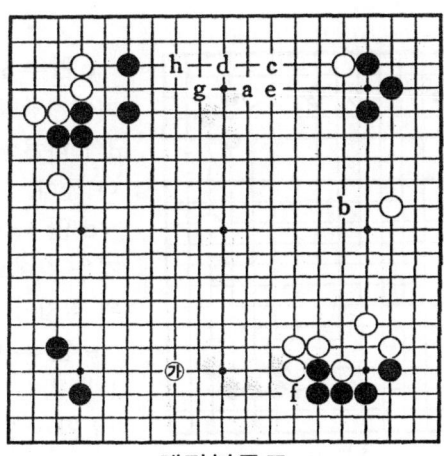

해답분류도

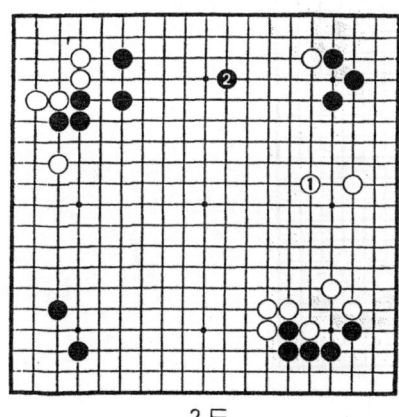

2도

해답분류

  a 안 = 8 점 낮
게 두는 것보다. 안
전성이 없다. 1 도
의 흑 2 의 갈라침
이 예리하다.

  b 안 = 7 점 상
변의 이곳도 호점
이다. 그러나 2 도
의 흑 2 의 구상이
너무나 좋다.

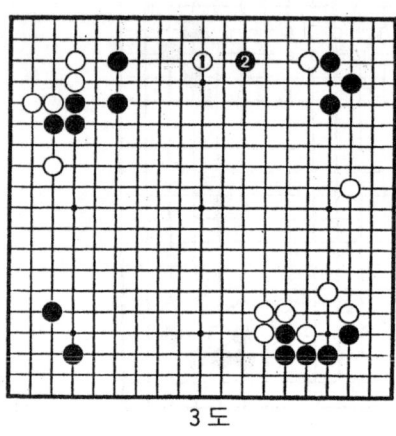

3 도

c 안＝6점 한칸 차이지만 좁다. 흑 d의 다가섬이 너무 나 좋다.

d 안＝6점 이 것은 반대로 흑 2 의 침입이 있다.

e 안＝5점 흑 d가 있다.

f 안＝5점 흑 ㉮의 전개가 있다.

h 안＝4점 4 도 흑2의 협공이 있다.

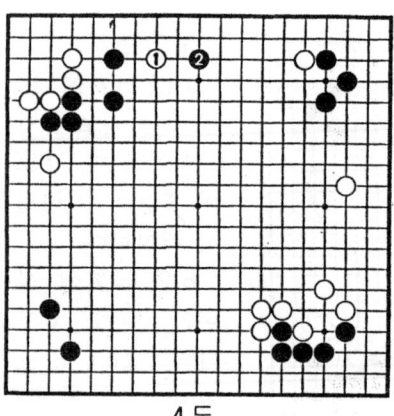

4 도

## 문제 13    흑 선

힌트 양날개의 호점은 어딜까?
이 문제에서 제 1감은 상당한  실력
자다.

문제도

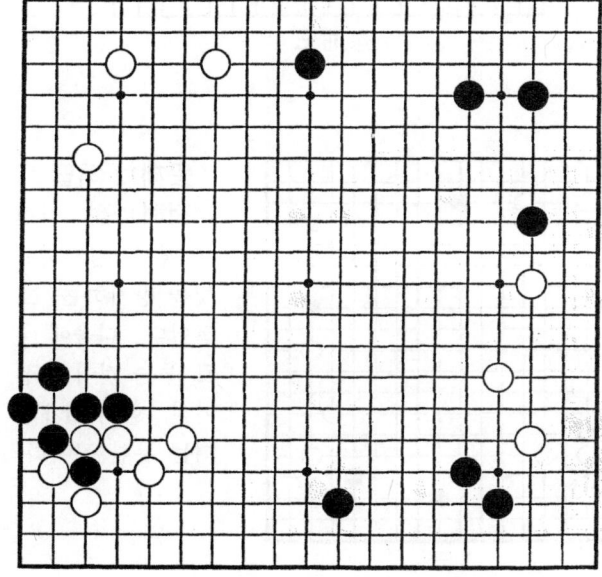

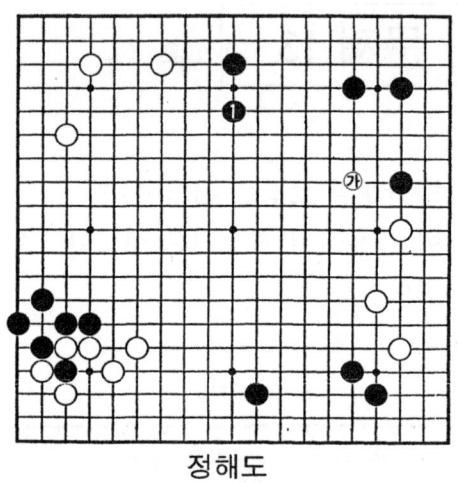

정해도

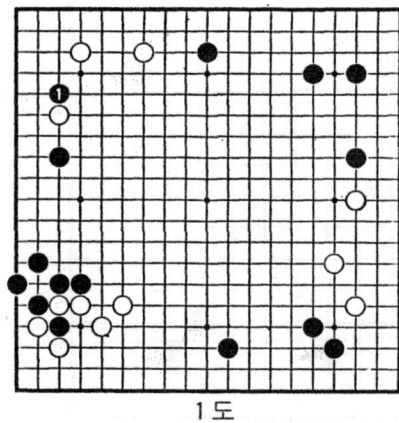

1도

**문제13 해답**

**정해10점** 상변에 백이 침입하는 것을 방지하는 호점이다. 다음에 ㉮로 두는 것이 호점이다. 학이 날개를 펴는 듯한 곳이다.

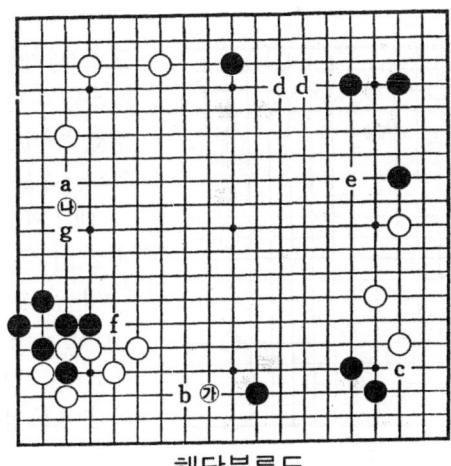

해답분류도

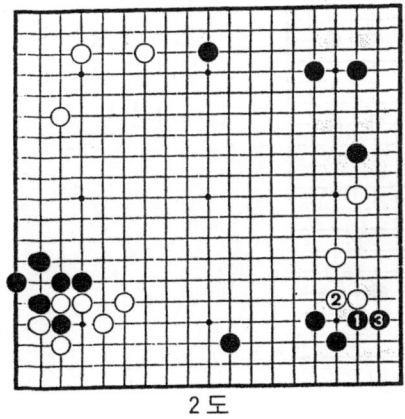

2도

해답분류

**a안＝8점** 이 곳에 다가섬은 다음 1도의 흑1의 붙이는 수를 노린다.

**b안＝7점** 다음 백㋑의 붙이는 차이다.

**c안＝7점** 실질적으로 큰 수. 2

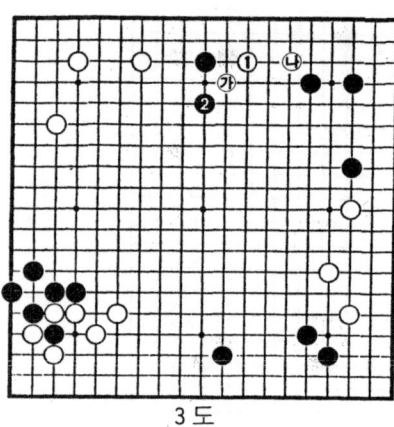

3 도

도를 생각한다.

**d 안 = 6 점** 견실한 수지만 좋지 않다. 3 도를 보자. 백 1 의 침입에 흑 2, 다음 ㉮와 ㉯의 공격이 있다.

**e 안 = 6 점** 이곳도 큰 곳이다. 그러면 4 도인데 백 집을 삭감할 수 없게 된다.

**f 안 = 4 점** 기분에 치우친 수.

**g 안 = 4 점** 이곳을 둘바엔 a의 곳을 다가선다.

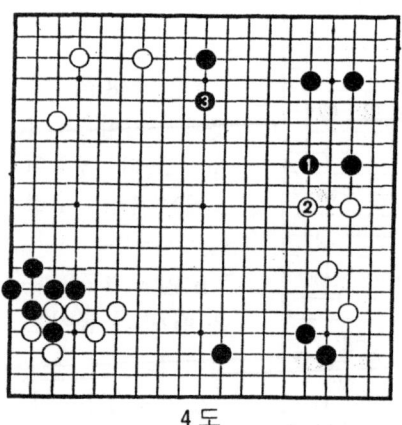

4 도

## 문제 14 │ 백 선

**힌트** 흑은 좌상귀에 이상형을 구축하고 있다.
하변에 좋은 모양을 만들자면 어떻게 둘까?

문제도

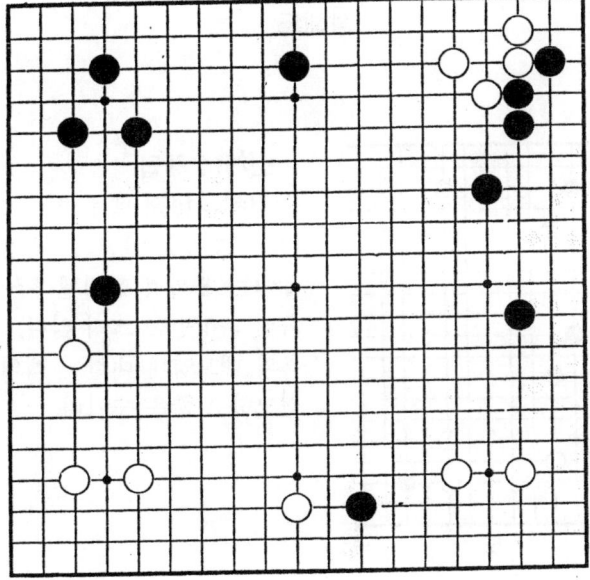

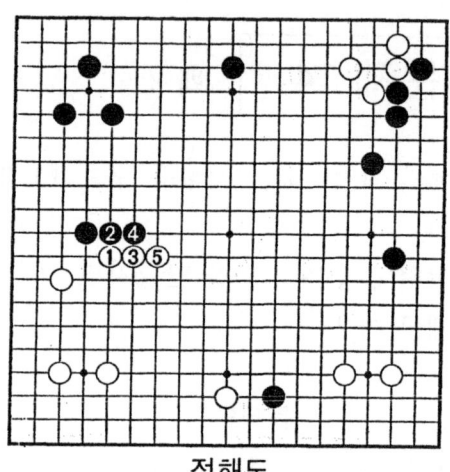

정해도

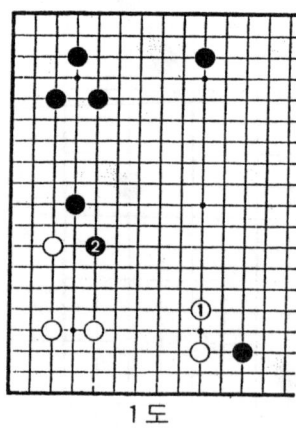

1도

## 문제14 해답

정해=10점 백 1 의 씌움
이 큰 모양을 만든다. 흑 2,
4 에는 5 까지 전개된다.
흑의 좌상변은 크지 않다.
흑의 대모양에 대한   백의
견고하고 좋은 수이다.

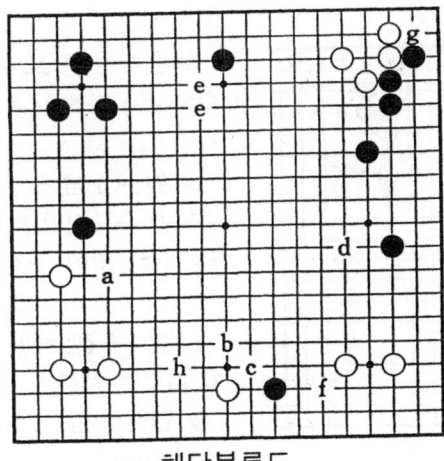

해답분류도

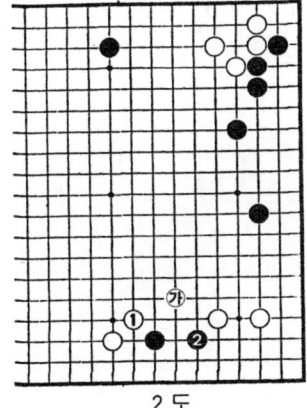

2 도

해답분류

a 안=8 점 정해에 비해 박력이 없다.

b 안=7 점 이곳은 좋은 곳이나 정해에는 너무 멀어진다. 1 도 흑2 의 삭감이 있다.

c 안=7 점 이런 공격도 일안이다. 2 도 흑2 는 ㉮의 씌움

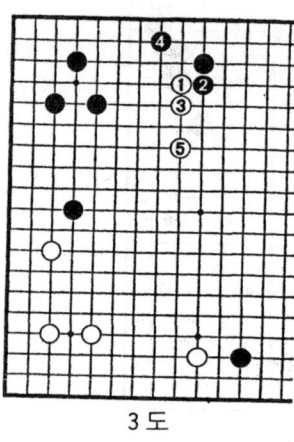

3 도

d 안＝6점 모자가 좋은 수이지만 공배를 본 느낌이다.

e 안＝5점 삭감을 하는 수지만 주도권이 없다. 3도의 백 3점이 공격 목표가 된다.

f 안＝5점 하변 흑 1점이 가볍지 않다.

g 안＝4점 대세에 떨어진 느낌이다.

h 안＝4점 작은 곳이다 흑 2로 다른 곳을 두면 백 2가 호점이다.

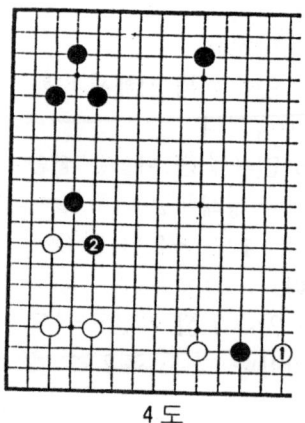

4 도

## 문제 15 　흑 선

**힌트** 착점의 어려움이 있다.
상당히 어렵고 혼미한 문제다.
깊이 연구하지 않으면 이해하기　힘
든 문제라고 할 수 있다.

문제도

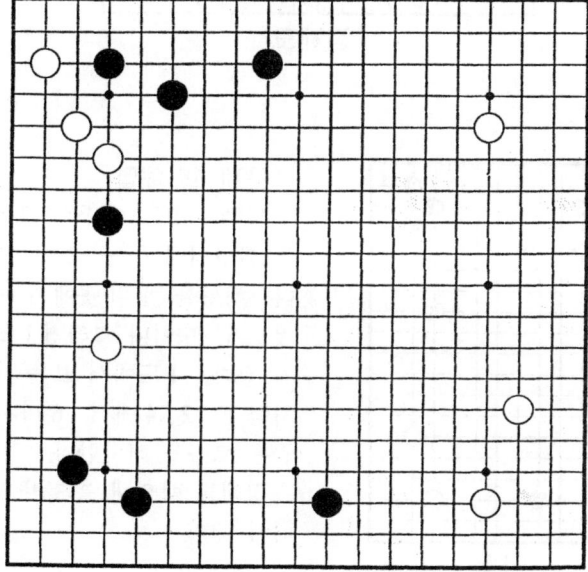

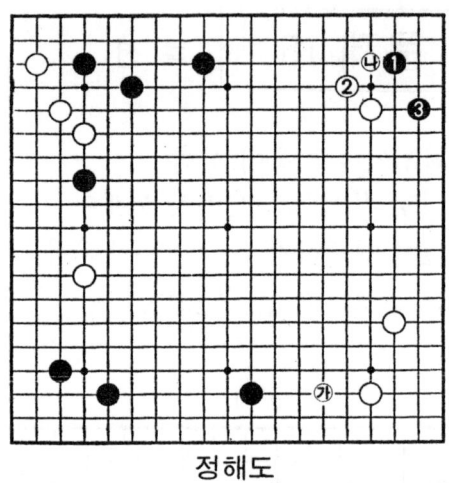

정해도

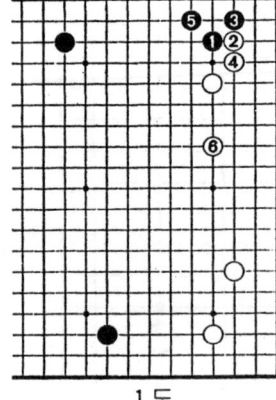

1 도

문제 15 해답

정해=10점 이 국면에서는 좌상귀에 두는 것이 좋다. 하변을 ㉮ 의 곳에 두는 것도 큰 수이나 그러면 1 도가 된다. 1 도에서 보는 것처럼 백 2, 4 에서 6 까지 좋은 모양을 허락한다.

정해도 백 2 에 흑 3 의 달림이 좋다.

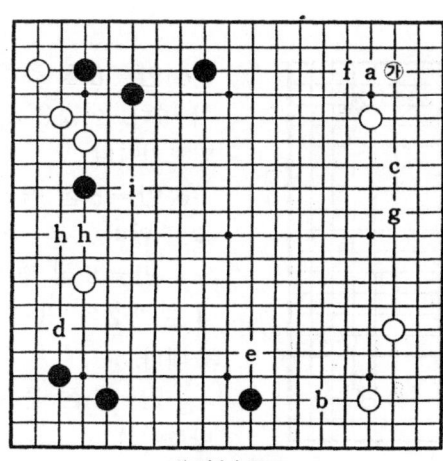

해답분류도

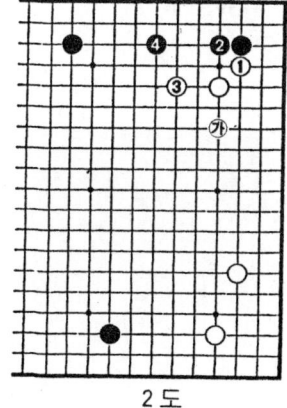

2 도

2 도 백 1 에는 이하 4 까지 백이 엷은 모양이다.

이런 배치에서는 3·3이 적절하다.

**해답분류**

a 안= 8 점 걸침의 방향으로 정착이다. (1 도)

b 안= 7 점 정해에 대한 것 외에 호점이다. (3 도)

c 안= 7 점 착상은 좋으나 부족하다.

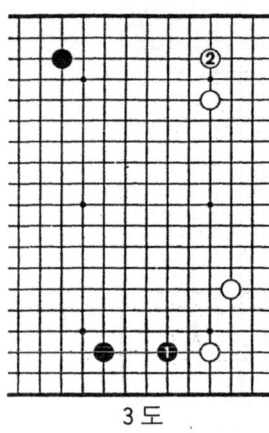

3 도

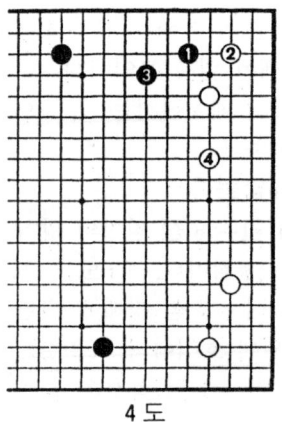

4 도

d 안＝ 6 점 좁다. 백 h
가 있다. 이것은 d 와 h 가
맞보기이다.

e 안＝ 5 점 이 국면에선
좋지 않다.

f 안＝ 5 점 평범한 수.
4 도 백 2 의 3·3이 있어
손해다.

g 안＝ 5 점 둔다면 c 의
방향이다.

h 안＝ 5 점 d 와 맞보기
의 수.

i 안＝5 점 상변의 흑이
좁은 느낌이다.

# 문제 16

백 선

**힌트** 공방의 급소는 어딘가?
상당히 어려운 문제다.
그러나, 변에 관한 문제를 잘 파악
하고 연구한 독자라면 그다지 어렵
지 않게 풀어나갈 수가 있을 것이다.

### 문제도

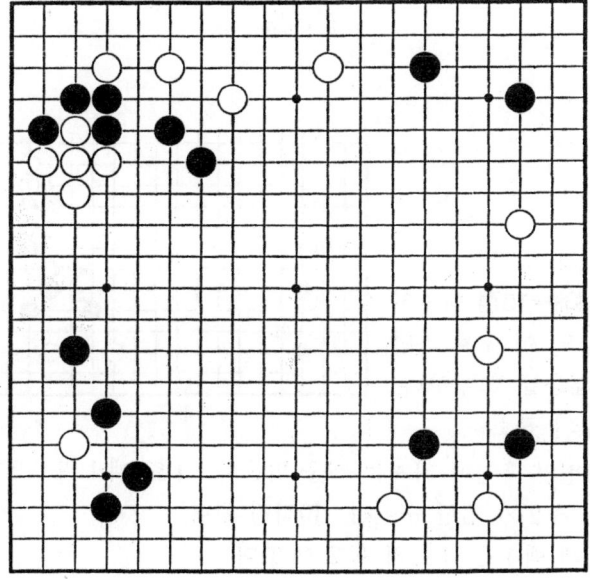

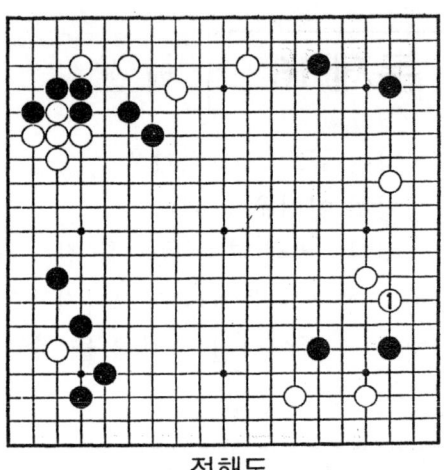

정해도

## 문제16 해답

정해=10점 백 1 의 마늘모, 이 수로 좌변의 엷음을 보강한다. 공방의 급소다.

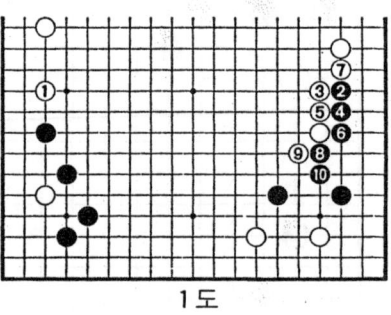

1 도

하변의 흑집이 커지는 것을 막는다. 1 도 백 1 의  2칸에는 흑 2 가 엄한 수이다.  10까지 된다.

정해 백 1 은 1 도의 흑 2 가 있다.

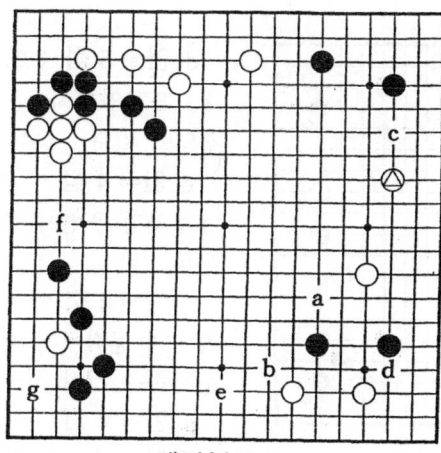

해답분류도

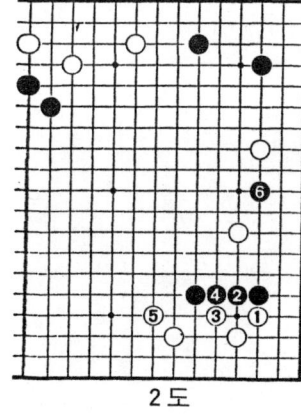

2 도

### 해답분류

**a 안＝8 점** 혹 2 점을 공격하고 침입을 방지하는 착상이다. 생각은 정해와 같다. 백△표가 있어 좁은 감이 있다.

**d 안＝7 점** 이곳도 같은 착상이다.

**c 안＝6 점** 좁다. 좌상귀가 엷어진다.

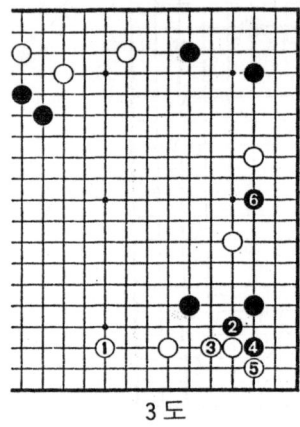

3 도

d 안= 5 점  2 도 백 1,
3, 5 모양까지.　혹 6 의
침입이 있다.

e 안= 4 점  이 착상은
3 도처럼 우변이 공격을 받
는다.

f 안= 4 점  이것은  4 도
혹 1 의 공격에서 백 2, 4 로
안정하는 것이 선수다.

g 안= 4 점  사는 수를
개척하는 수. 시기가 문제
다.

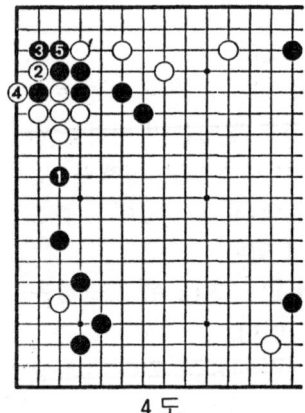

4 도

# 문제 17   백 선

힌트 흑의 두터움을 감쇄하는 수단은?
한길 차이가 이곳에서도 등장한다.
제 1감이 좋아야 한다.

문제도

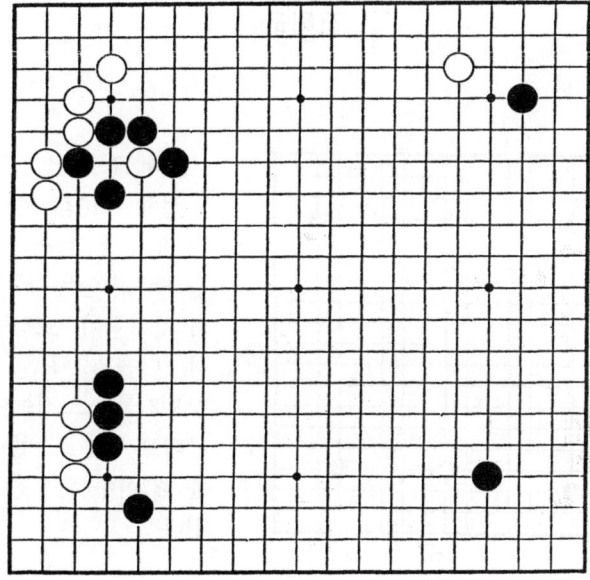

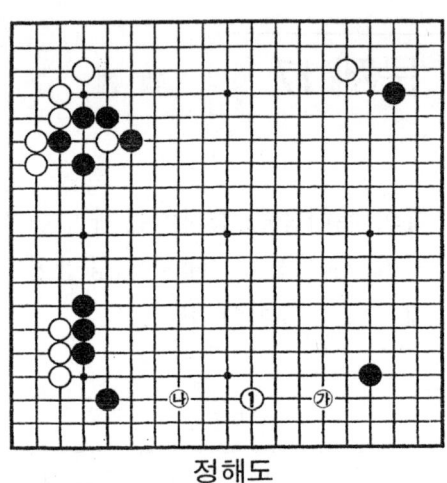

정해도

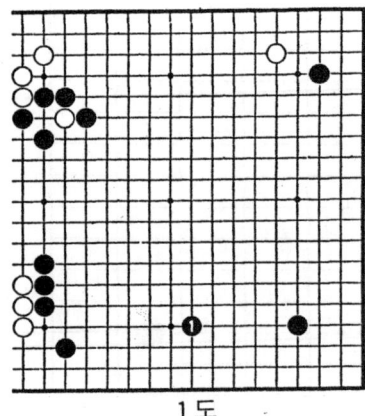

1도

**문제17 해답**

정해＝10점 좌변의 흑의 두터움을 삭감하는 수단은 백 1의 갈라침이 호점이다. 다음 ㉮나 ㉯의 맞보기를 노리는데 반대로 흑 1로 벌렸을 때 아주 큰 곳이 된다.

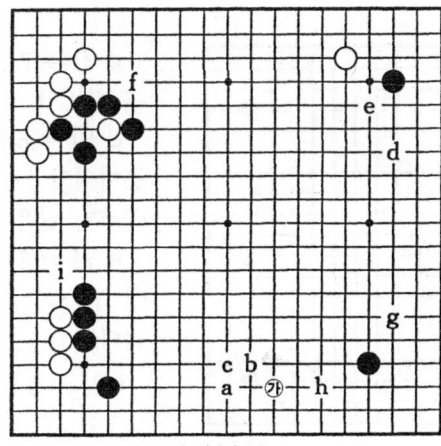

해답분류도

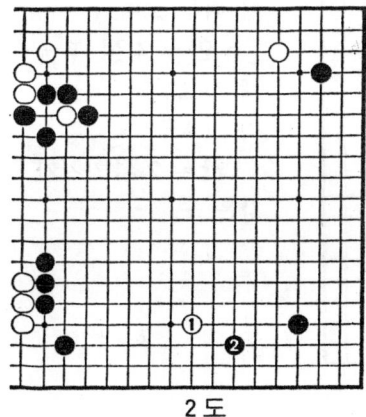

2 도

해답분류

　a 안 = 8 점 이곳
은 조금 지나친 느낌
이다. 정해보다 조금
떨어진다.

　b 안 = 8 점 좋지
않다. 2 도의 흑 2 가
안성맞춤의　벌림이
된다.

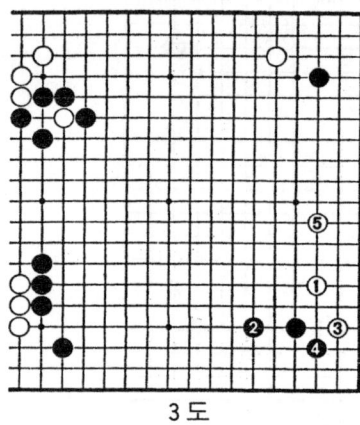

3 도

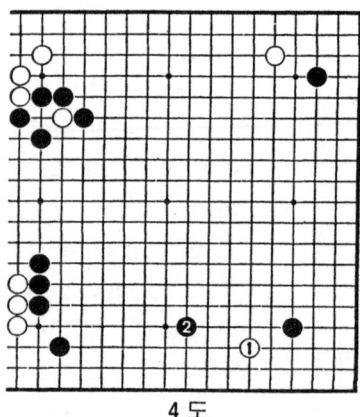

4 도

c 안 = 7 점 ㉮ 의 곳 벌림이 있다.

d 안 = 6 점 좋은 곳이지만 방향착오. 급하지 않은 곳이다.

e 안 = 6 점 이곳에 두는 수는 좋지 않다.

f 안 = 5 점 부분적으로는 급소이다.

g 안 = 5 점 방향착오. 3 도의 백 5 까지가 예상되지만 변이 너무 크다.

h 안 = 4 점 혹에게 절호점을 허용한다. ( 4 도)

i 안 = 2 점 가치가 작은 수.

# 문제 18  흑 선

**힌트** 어느 곳을 두어야 할까?
최선의 곳을 선택해야 한다. 이 국
면에서는 어디가 최선일까?

문제도

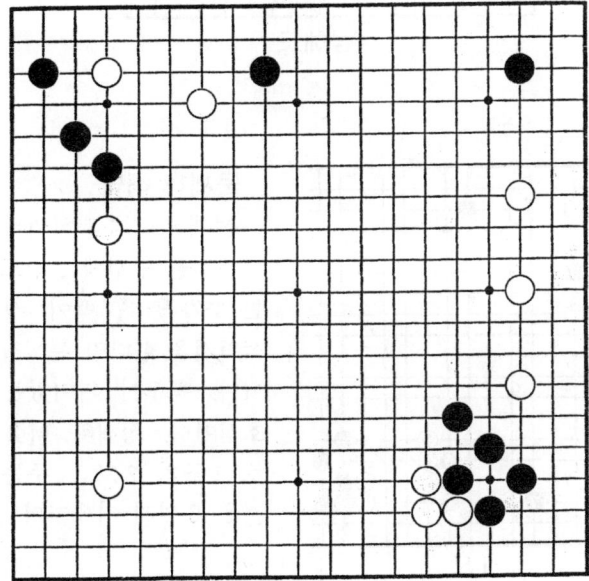

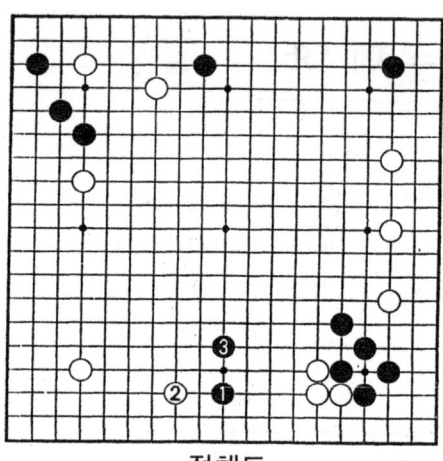

정해도

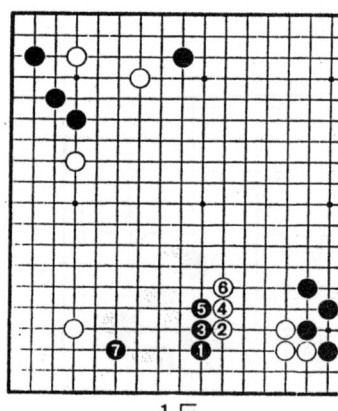

1 도

문제18 해답

정해＝10점 좌하귀의 백 3점을 무겁게 만드는 수가 좋다. 백이 사석작전을 한다면 큰 집이다. 흑1이 의미있는 호점이다. 정해의 백2로 1도의 2로 두는 것은 6까지 기세이다.

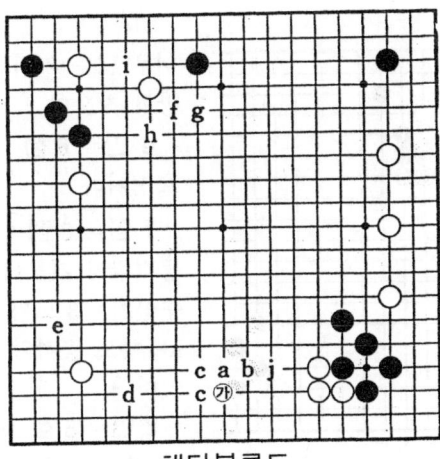

해답분류도

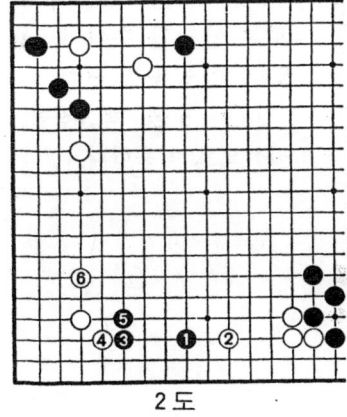

2 도

해답분류

a 안= 9 점 준정해이 다. 정해에는 떨어진 감 이 있다.

b 안= 8 점　여기도 마찬가지다.

c 안= 7 점 이곳을 두 면 백은 2칸을 벌린다. (2 도)

d 안= 6 점　이곳은

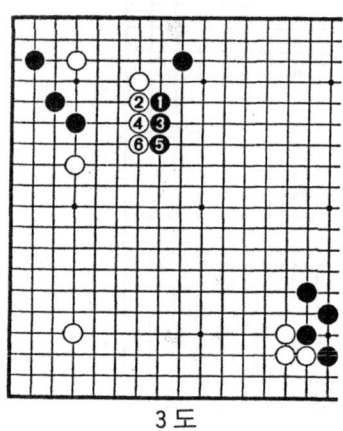

3 도

너무 넓은 의미가 있다.
방향 착오다.

e 안= 6 점  이곳도
호점이다.

f 안= 6 점 어느쪽을
공격함이 기분에 치우친
수인가.  3 도와 같다.
h방향도 공격의 의미가
있다.

g 안= 6 점 백 h나 f
와 같은 안(案)이다.

h안= 6 점 이것은 f,
g와 반대가 되는 점이다.

i안= 5 점  부분적으
로는 안정된 수이다. 4
도의 침입을 노린다.

j안= 5 점 백 3점을
사석으로 이용한다.

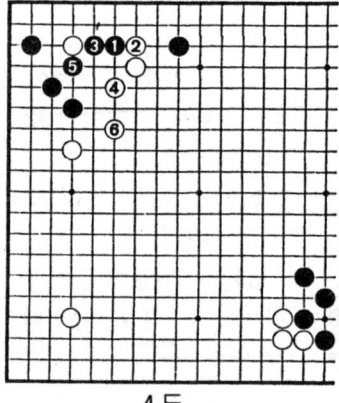

4 도

# 문제 19

흑 선

힌트 돌의 효용에 관한 문제이다.
3수 정도를 상정해 보아야 한다.

문제도

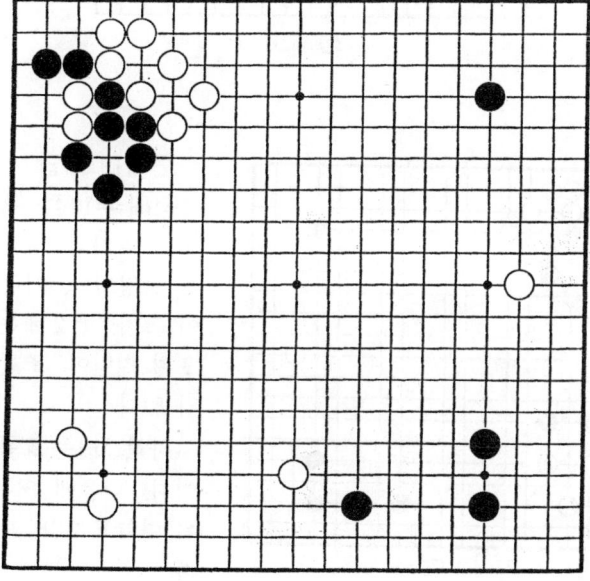

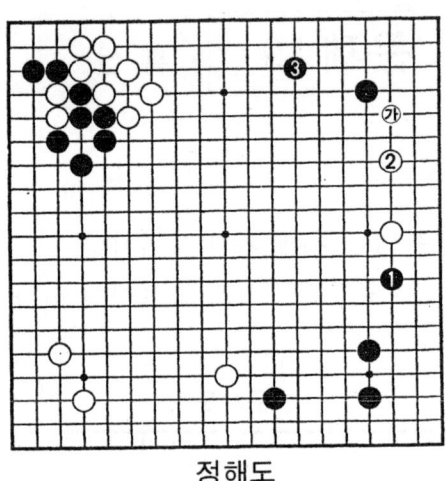

정해도

1도

문제19 해답
정해＝10점 혹
1의 다가섬이 좋
은 모양이다. 이곳
이 크다. 백2에는
3의 벌림이 조화
가 있다.
자연스러운 흐름
이다. 다음에 ㉮
의 마늘모가 남는
다.

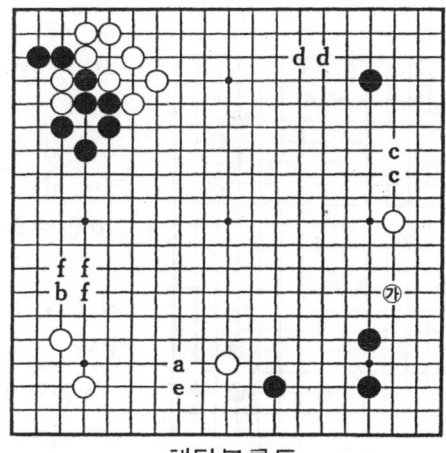

해답분류도

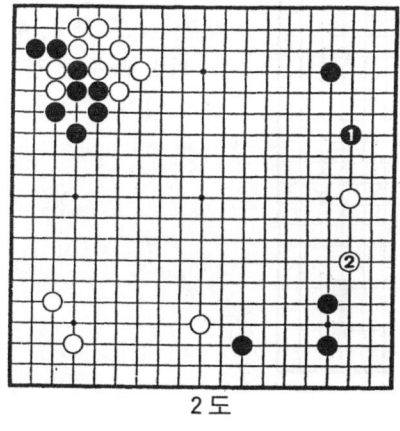

2 도

해답분류

a 안 = 8 점 이곳에 두는 것도 유력하다.

침입도 적당하다.

b 안 = 7 점 좌상귀의 두터움을 이용하여 다가서면 1 도인데 백 2에 3 까지 —.

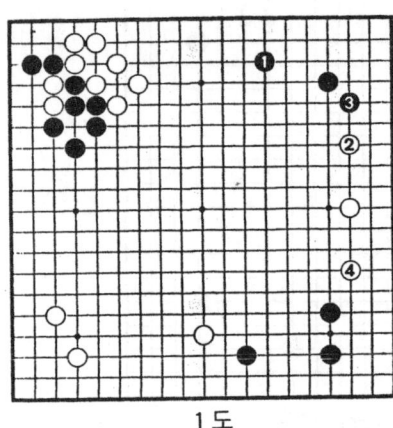

1 도

c 안 = 5 점 방향착오, 2 도 백 2 로 두면 한칸은 약점이 남는다.

d 안= 5 점 이곳을 두면 3 도 흑 3 에 백 4 의 벌림이 좋다.

e 안 = 5 점 이곳보다는 a의 곳을 둔다.

f 안= 5 점 b 안을 둔다. f 는 가치착오. 4 도 백 2, 4 로 하변에 두는 것이 어렵다.

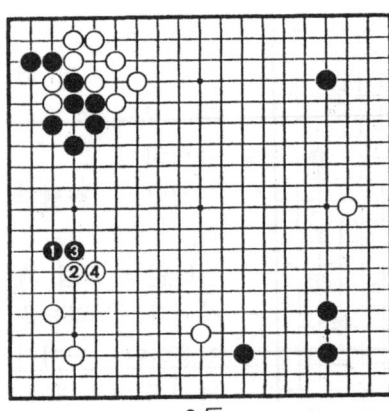

2 도

## 문제 20  흑 선

힌트 호점을 방치할 수는 없다.
이 국면이 대세를 가름하는  요처이
기 때문이다.
큰 곳이다.  어딜까?

문제도

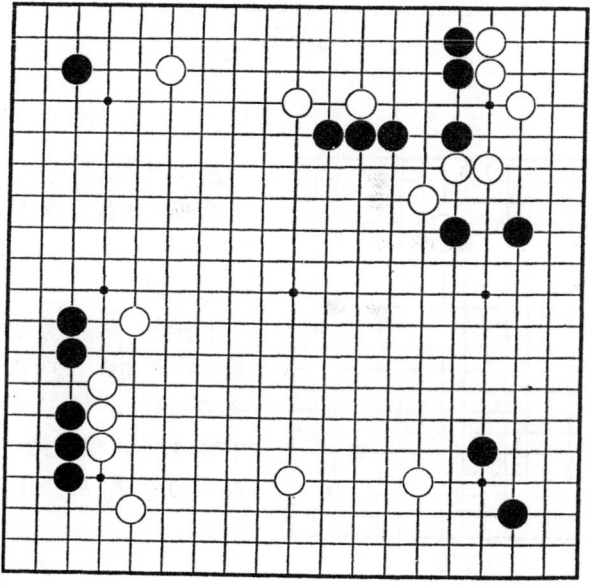

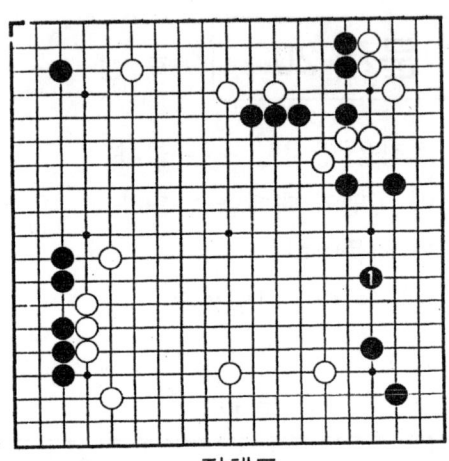

정해도

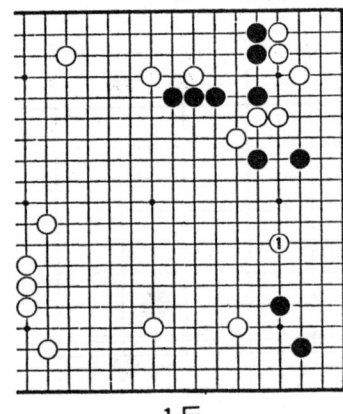

1 도

**문제20 해답**

 정해=10점  흑 1의 안정이 비상수단으로 좋은 곳이다.

 상변의 흑의 응원에 힘입어 하변에 대모양을 구축한 점이다. 백이 만약 1도의 백 1로 갈라쳐 오면 흑 모양이 엷어진다.

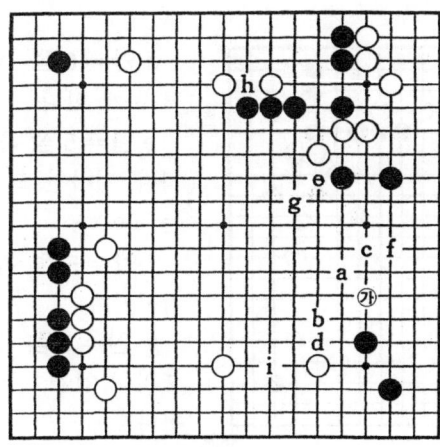

해답분류도

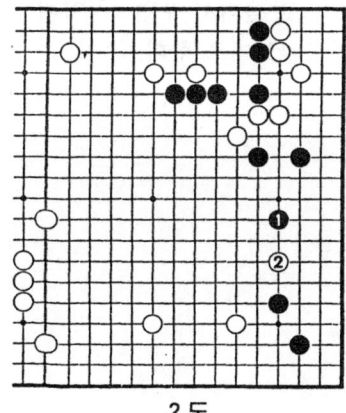

2 도

해답분류

　**a 안**＝ 8 점 안정 성이 없고 맛이 나쁘다.

　**b 안**＝ 7 점 흑백 세력의 분기점이다. 좌변이 복잡해진다.

　**c 안**＝ 6 점 직접적인 수는 2 도와 같이 백 2 의 갈라침이 있다.

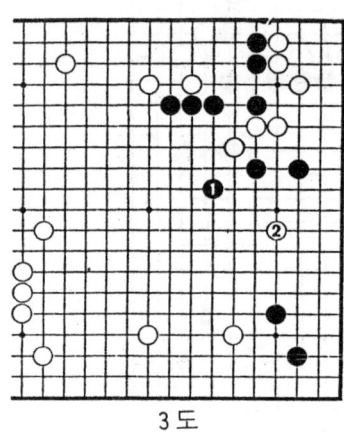

3 도

d 안= 6 점 백을 견
고 하게 한다.
e 안= 5 점 큰곳이긴
하나 지나친 느낌이 드
는 곳이다.
f 안= 5 점 위보다는
감점이다.
g 안= 5 점 3 도 백
2 의 침입을 허용하게
된다.
h 안= 5 점 갈라치는
수.
i 안= 3 점 4 도 백 2
로 올라서 우변 침입과
맞보기로 한다.

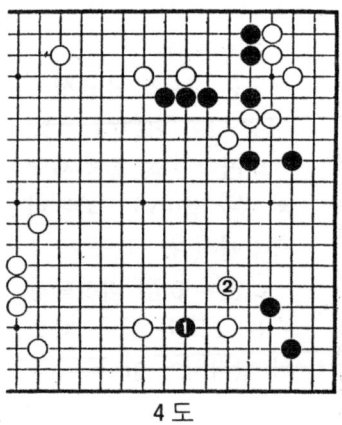

4 도

# 제 2 장

# 중반의 부(部)
## 당신의 점수는?
### 〈문제 1~20문〉

# 당신의 점수

● 중반의 부(部)

| 문제 1 | 점 | 문제11 | 점 |
|--------|----|--------|----|
| 문제 2 | 점 | 문제12 | 점 |
| 문제 3 | 점 | 문제13 | 점 |
| 문제 4 | 점 | 문제14 | 점 |
| 문제 5 | 점 | 문제15 | 점 |
| 문제 6 | 점 | 문제16 | 점 |
| 문제 7 | 점 | 문제17 | 점 |
| 문제 8 | 점 | 문제18 | 점 |
| 문제 9 | 점 | 문제19 | 점 |
| 문제10 | 점 | 문제20 | 점 |

| 합　　계 | 점 | 중반의 부(部) | 급 · 단 |
|----------|----|--------------|---------|

| 200점 | 102점 | 184점 | 176점 | 166점 | 156점 | 146점 | 136점 | 126점 | 116점 | 106점 | 96점 | 95점 이하 |
|------|------|------|------|------|------|------|------|------|------|------|-----|--------|
| | ∫ | ∫ | ∫ | ∫ | ∫ | ∫ | ∫ | ∫ | ∫ | ∫ | ∫ | |
| | 199점 | 191점 | 183점 | 175점 | 165점 | 155점 | 145점 | 135점 | 125점 | 115점 | 105점 | |
| 7단 | 6단 | 5단 | 4단 | 3단 | 2단 | 초단 | 1급 | 2급 | 3급 | 4급 | 5급 | 6급 이하 |

## 문제 1    흑 선

힌트 백△표로 눌러온 모양이다.
㉮의 축머리를 이용한 점인데 상당
히 고급스런 착상이 필요하다.

문제도

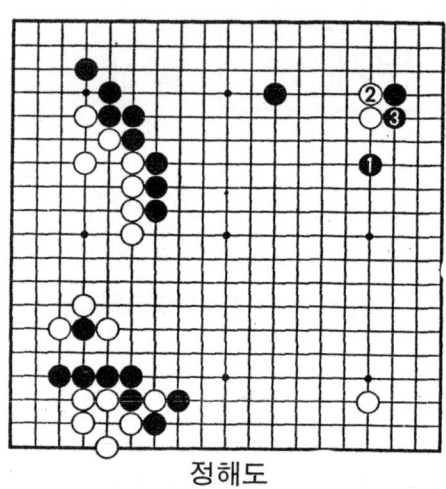

정해도

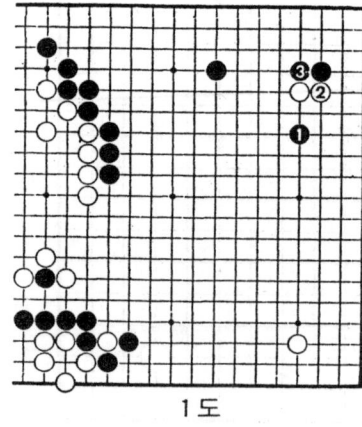

1 도

문제 1 해답

정해 =10점 흑 1
이 구체적인 수로 직
감적이다. 흑 1 은 축
머리를 예방하는 수
이다.

백 2 는 3 으로 받
는다. 또한  1 도의
반대방향엔  3 으로
둔다. 1 석 2 조의
곳이다.

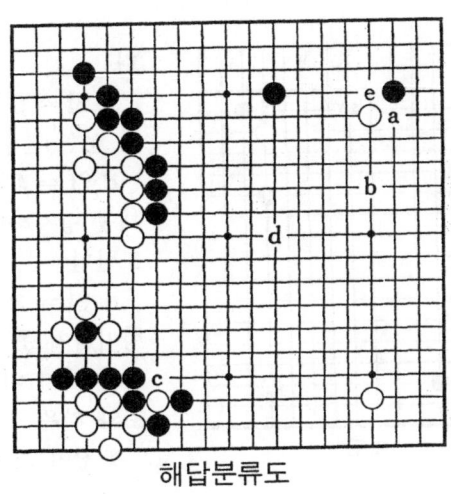

해답분류도

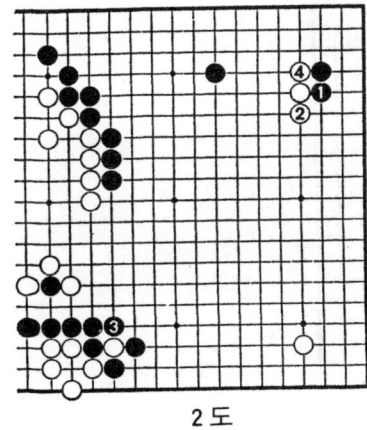

2 도

해답분류

a 안 = 7 점 이곳
도 일응 축　관계를
염두에 둔 수.　2 도
백 2, 4 의　내려섬이
좋아 이것은 백의 주
문이다.

b 안 = 6 점 이것
도 정해와 비슷한 착
상이다.　허나　우상
의 돌이 궁한 모양이

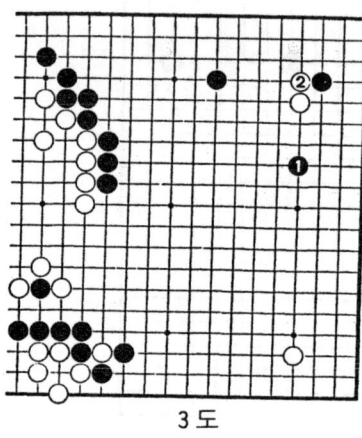

다.

c 안=5점 책략
이 없는 본수이다.

d 안=4점 축 관
계를 방지하지만 중
도반단.

e 안=2점 축을
방지하지 못한다. 이
곳을 백이 나가면 4
도와 같은 결과다.

백집이 커진다.

3 도

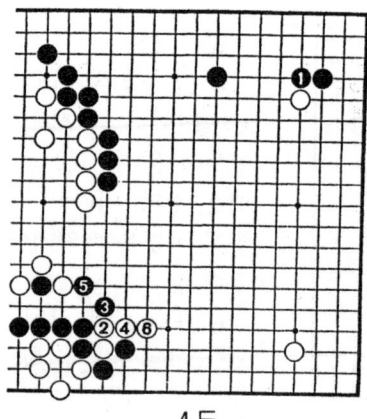

4 도

## 문제 2    흑 선

힌트 백은 좌상에 큰집이 있다. 우상, 우
　　　하, 하변에 짭짤한 실리가 있다. 이
　　　에 대항하여 흑은 중앙을 개발해야
　　　한다.
　　　어딜까?

문제도

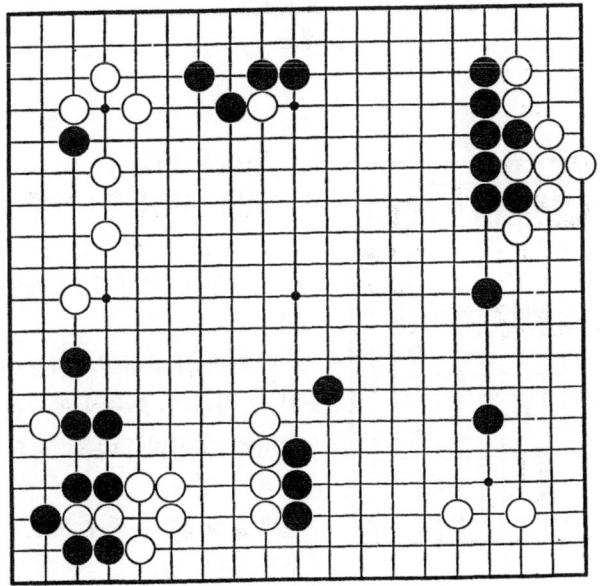

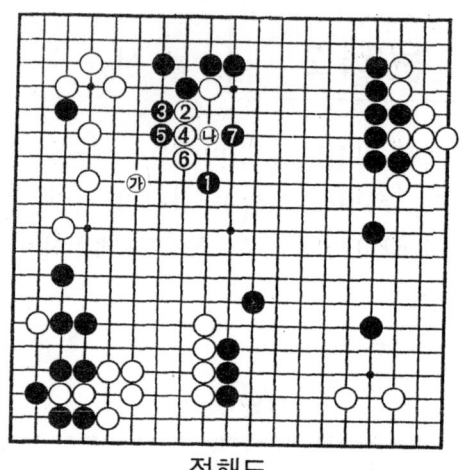

정해도

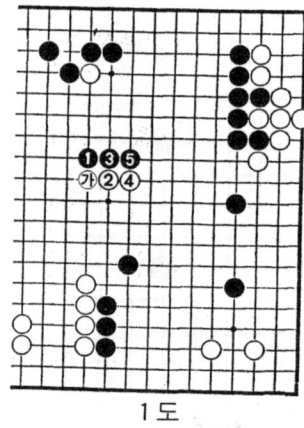

1 도

## 문제 2 해답

정해=10점 흑 1 이 중앙을 키우는 호수이다.

이곳인데 착상이 문제이다.

백집에 대항하여 백 2 이하 7 까지의 응수가 공격을 겸비한 수이다. 다음 ㉮의 공격이 있다.

백 2 로 ㉯는 흑 6 으로 두는 수가 있다.

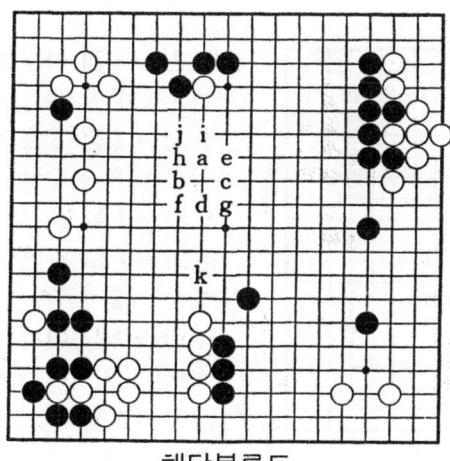

해답분류도

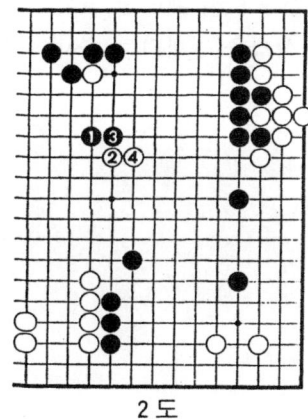

2 도

1 도의 백 2 에는 이하 3, 5 로 두어 대략 40여집이 생긴다.

해답분류

a 안= 8 점 견실한 수이 다.

정해보다는 작은 곳이다. (2 도)

b 안= 8 점 d점의 삭감 보다 훌륭하다.

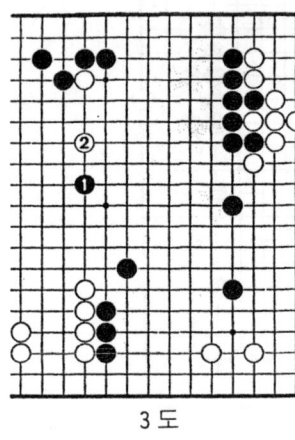

3 도

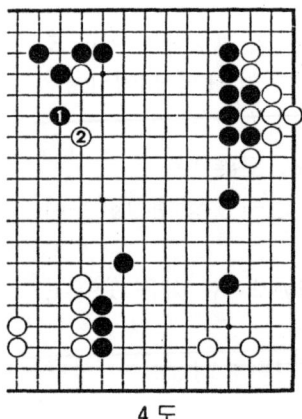

4 도

c 안=8 점 이것은 견실한가? a의 삭감이 있다.

d 안=7 점 3 도 백 2 로 다가서 다음 응수가 어렵다.

f 안=7 점 좀 지나치다.

g 안=7 점 하변인지 상변인지 어중간하다.

h 안=7 점 이것은 반대로 하변의 침입에 대처한다.

i 안=6 점 견고함이 너무 지나치다.

j 안=6 점 4 도 백 2 로 다가선다.

k 안=5 점 백에게 뛰어나와 삭감을 견제하는 수이다.

# 문제 3

흑 선

**힌트** 실전보(実戰譜)이다.
상변 귀를 참고하여 수를 생각하여
보자.

문제도

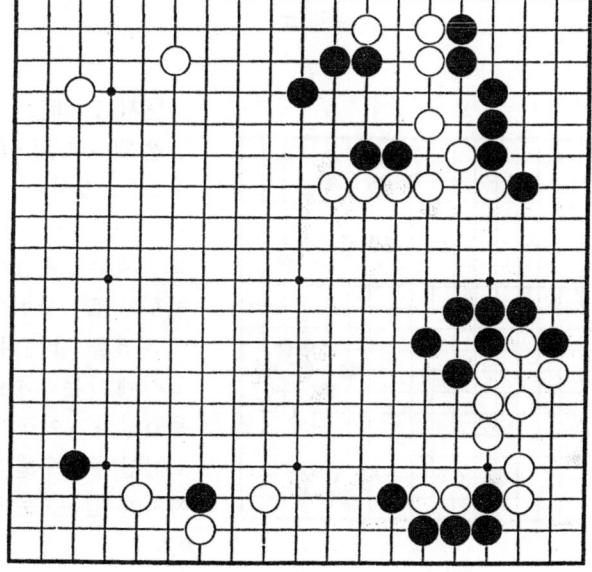

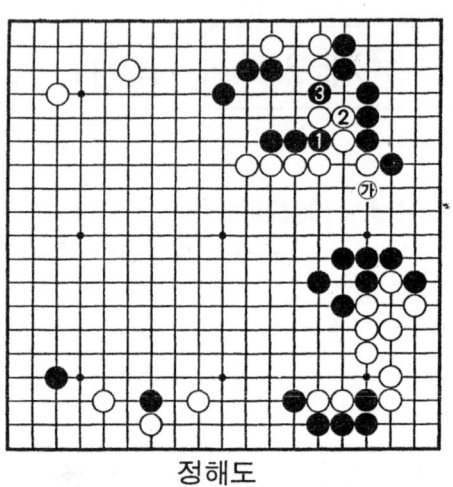

정해도

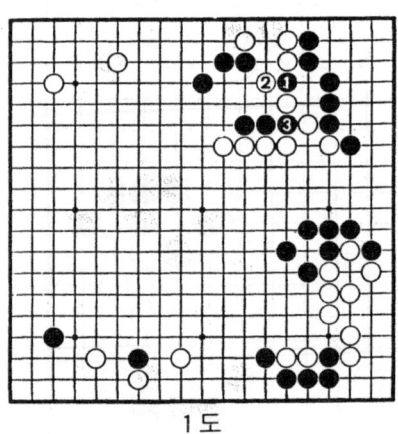

1도

문제 3 해답
 정해=10점 흑
1로 부딪히는 수.
이 수가 호수이다.
백 2 에는 흑 3 의
젖힘으로 상변의
백 3 점을 잡는다.
실전에서는 ㉮로
두었었다. 이곳도
호점인가? 수단의
여지가 있는 문제
이다.

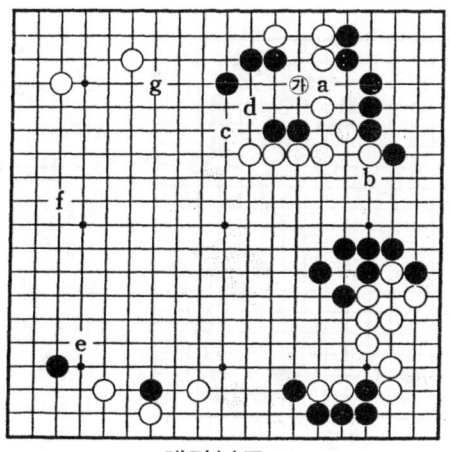

해답분류도

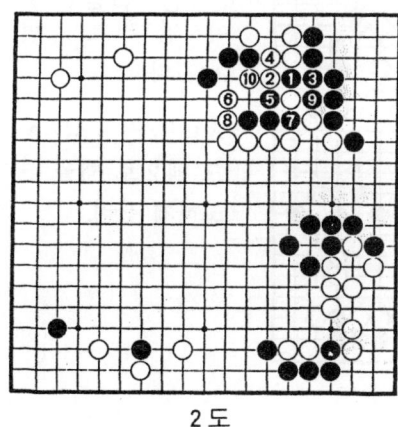

2 도

해답분류

**a** 안= 6 점 이것
은 1 도 혹1, 3의
갈라침이다.

2 도의 혹1, 3
에는 백 4 , 혹5에
는 6 이 있다.

**b** 안= 6 점 대죽
(大竹) 10단이 두
는 수로 6 점이 도
망하는 의미밖에
없다.

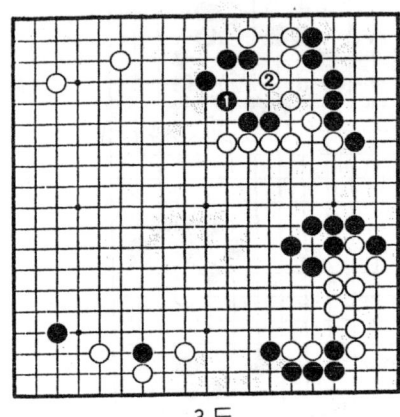

3 도

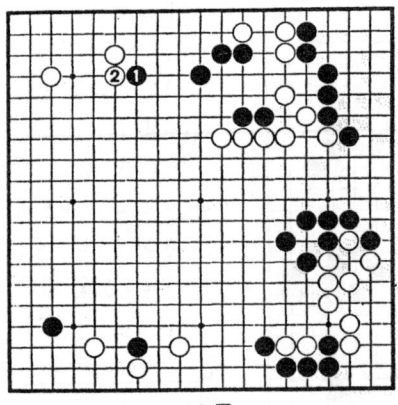

4 도

정해 이외에 일
응 감점의 대상이
된다.

c 안＝5점 호점
으로 좋은 수비다.

d 안＝5점 다
음에 건너감을 노
리는 수.

백은 3도와 같
이 둔다.

e 안＝4점 상
변의 다른 곳으로
는 호점이다.

f 안＝3점 큰 곳
이지만 핀트가 빗
나갔다.

g 안＝3점 4
도 백2로 백을 견
고하게 관리.

문제 4    백 선

힌트 이런 국면에서 호수는?
백의 방침이 문제이다.

문제도

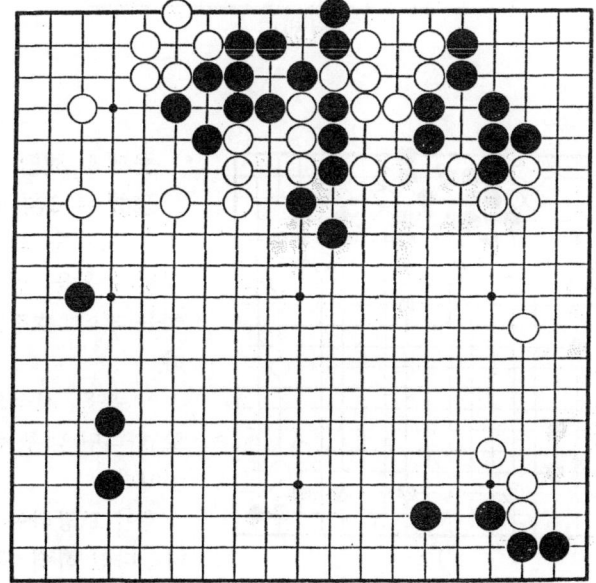

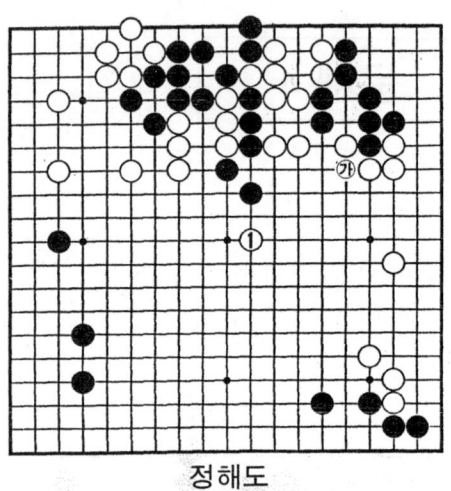

정해도

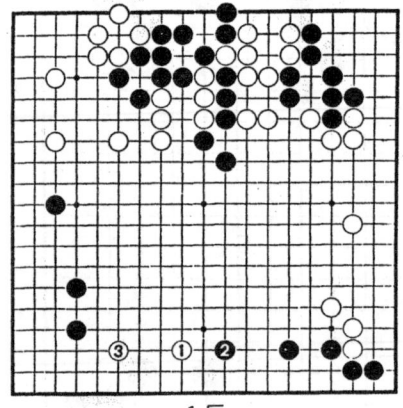

1 도

**문제 4 해답**

　정해＝10점 백 1로 모자를 씌워 상변의 흑을 공격하는 것이 호점이다.

　이 흑을 사석으로 한다면 너무 큰 곳이다.

　흑이 도망하여 나간다면 하변 흑

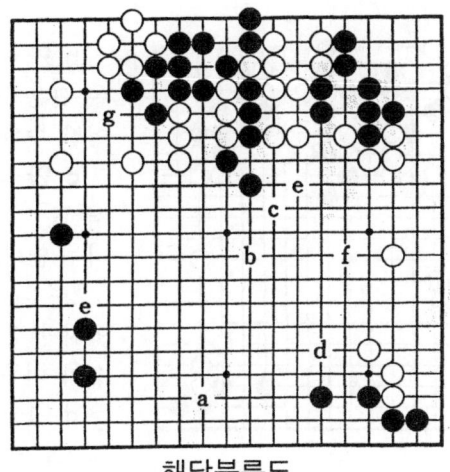

해답분류도

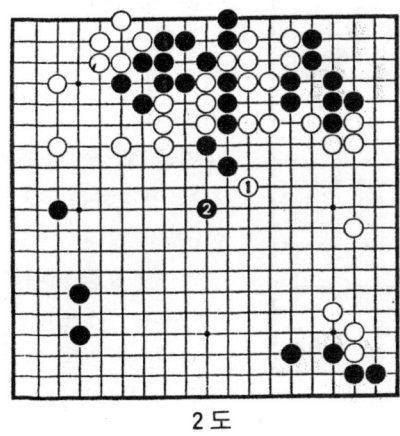

2 도

모양이 자연히 삭감된다.

서로의 돌에 공격을 하여 주도권을 잡는게 중요하다. ㉮의 끊음은 엷다.

해답분류

a 안＝8점 무난한 갈라침이지만 평범하다.

(1 도)

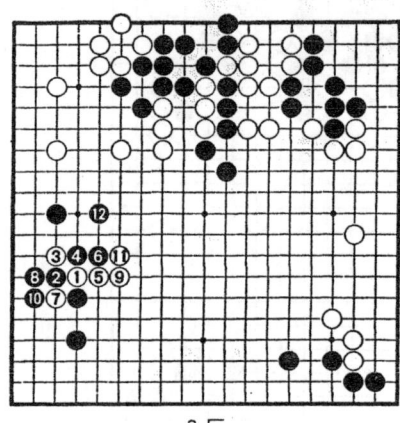

3 도

4 도

b 안＝7점 두
는 곳은 다르지만
엄한 수이다.

c 안＝6점 공
격하는 곳으로선
너무 엷다.

강수의 의미가
있지만 2도의 흑
2가 너무 즐겁다.

d 안＝6점 중
앙으로 튕겨 나가
는 점도 호점이다.

e 안＝6점 두
터운 곳이다.

3도 상변의 두
터운 공격은 고등
전술이다.

지금 모양에서는
직접 공격하는 것
이 좋지 않다.

f 안 5점지나
친 수다. (4도)

g 안＝2점 이
곳은 너무나 작다.

# 문제 5

흑 선

힌트 중앙의 공방은 어떨까?
상변을 공격하는 것이 좋을 것 같은
데 하변이나 상변의 큰곳을 선행하
는 것이 문제이다.

문제도

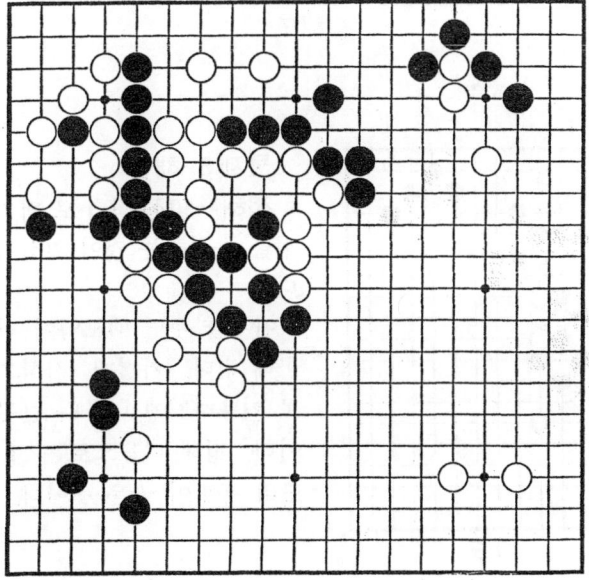

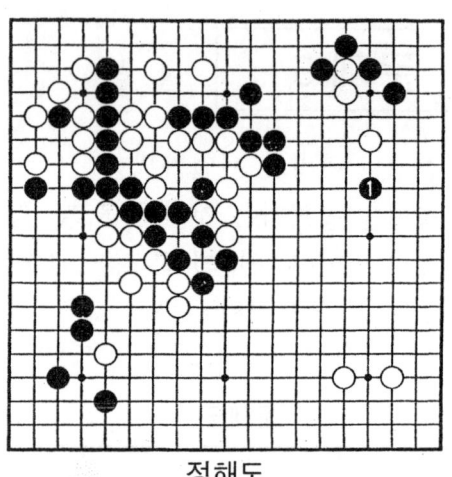

정해도

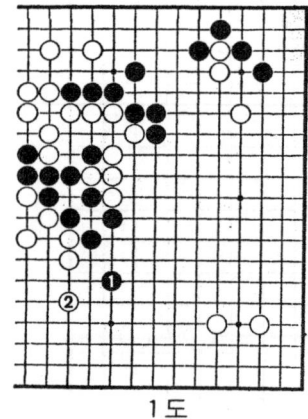

1도

## 문제 5 해답

정해=10점 흑 1 로 백 3
점을 공격하는 것이 최선이
다.

이곳을 두면 백모양이 피
곤해 진다. 가볍게 사석으
로 이용하기엔 너무나 큰곳
이다. 정해 다음으로는 1
도의 흑 1 이 좋은 곳이다.

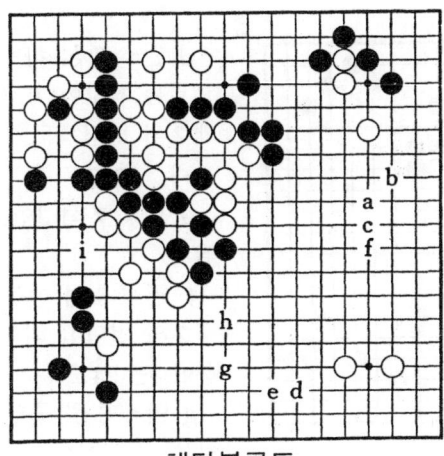

해답분류도

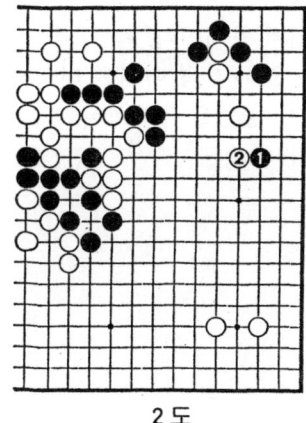

2 도

이 공격은 중앙을 결정하는 것이 고등전술이다.

해답분류

a 안＝9 점 백에게 작으나마 여유를 준다.

b 안＝8 점 이 모양은 2 도처럼 기대기 전술이 예상된다.

c 안＝7 점 이것은 한칸 뜀의 여유가 있다.

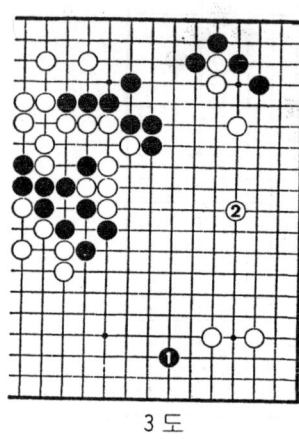

3 도

**d 안=7 점** 하변의 큰곳으로는 최고이다. 그러나 백2의 벌림으로 기회를 잃는다. (3도)

**e 안=7 점** d안과 같은 취지.

**f 안=6 점** 이곳을 두면 백2의 벌림이 너무 안성맞춤이다. (4도)

**g 안=6 점** 중앙을 공격하는 큰 곳이다.

호점이다.

**h 안=5 점** 정해에서 설명했듯이 호점이기는 하나 시기가 문제이다.

**i 안=4 점** 이것은 너무 작다. 중앙을 공격함이 차라리 좋다.

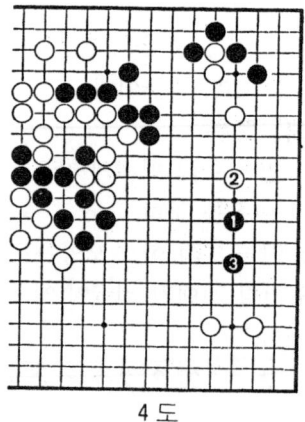

4 도

# 문제 6    흑 선

힌트 좋은 곳이 많다.
이 모양에선 급소를 찾아야 한다.
급소는 어디일까?

문제도

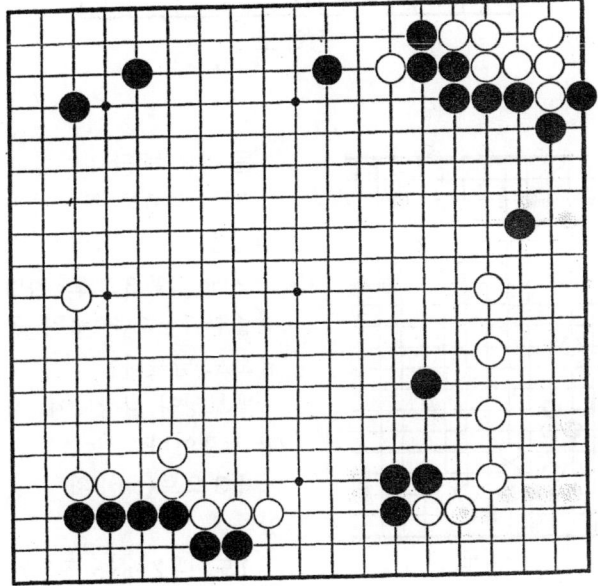

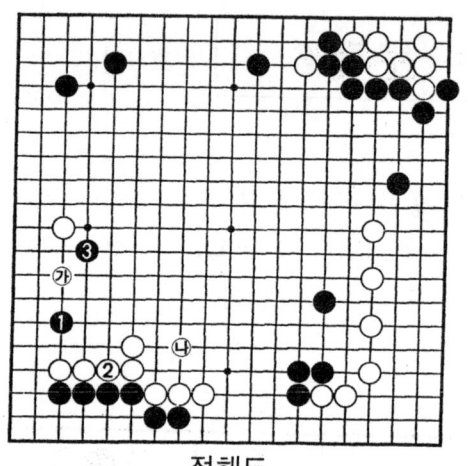

정해도

문제 6 해답

정해=10점 흑 1 이 백의 결점을 찌르는 급소이다.

2 에는 흑 3 으로 가볍게 탈출한다. 다음 ㉮의 곳이 급소로 남는다.

백모양이 삭감되어 처참한 느낌이다.

흑 3 으로는 ㉮의 곳도 있다.

1 도 백 2 에는 흑 3 의

1 도

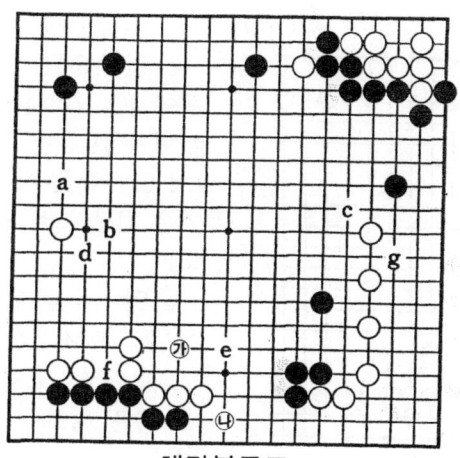

해답분류도

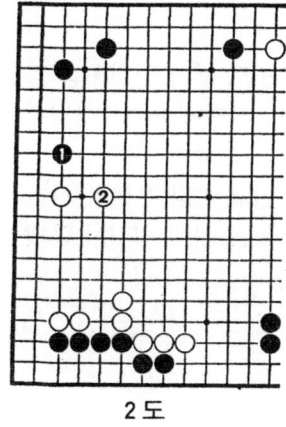

2 도

젖힘이 좋다.

**해답분류**

**a** 안＝8 점 좋은 수다. 흑모양이 커지는 무난한 착상이지만 발이 느리다.

2 도 백 2 로 올라서 백의 결점이 상쇄가 된다.

정해 흑 1, 3 의 승부를 서둘러야 한다.

**b** 안＝7 점 이곳의 착상도 있다.

114

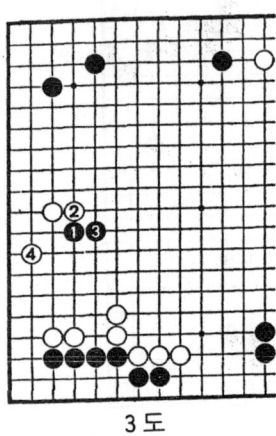

3 도

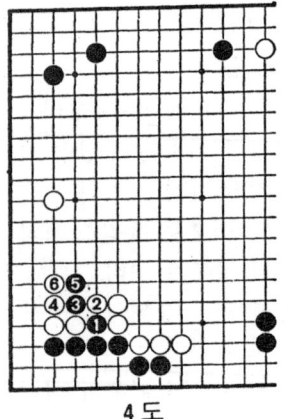

4 도

c 안=6점 우상은 넓은 곳인가? 그러나 너무 좁은 의미가 있다.

d 안=6점 이곳을 두는 것은 한판의 바둑이다. (3 도)

e 안=5점 우하의 흑을 염두에 둔 견실한 수.

다음에 ㉮의 급소가 있다. 또 흑은 ㉯로 건너감이 있다.

f 안=5점 이곳을 직접 나가는 것은 백이 4, 6 으로 응수하여 (4도) 곤란해진다.

흑5로 뻗어 무거운 느낌이다. 정해에 비해 상당히 떨어진 느낌이다.

g 안=4점 우변의 백진에 파고들기엔 시기가 문제이다.

## 문제 7    백 선

공방의 요점과, 실리의 큰 곳이  문
제어다.
제 1감으로 한눈에 떠올라야 한다.

문제도

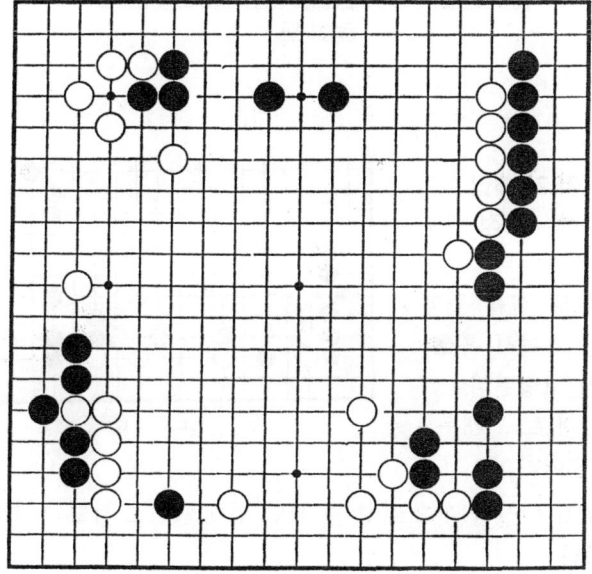

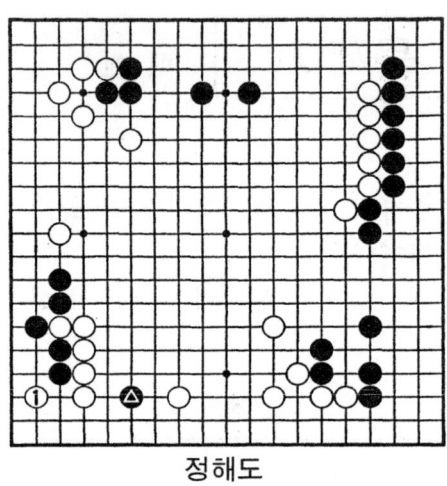

정해도

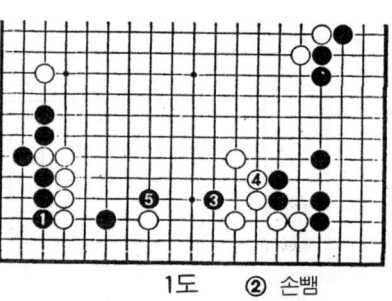

**문제7 해답**

**정해=10점** 백 1
이 정해이다.

　1로 흑을 공격
하면 자연히 흑△
표가 고립된다.

　자체로도 매우
큰 수이다.

1도　　② 손뺌

　10집 이상의 곳으로 손을 빼면 반대로 1도처럼　삭감
이된다.

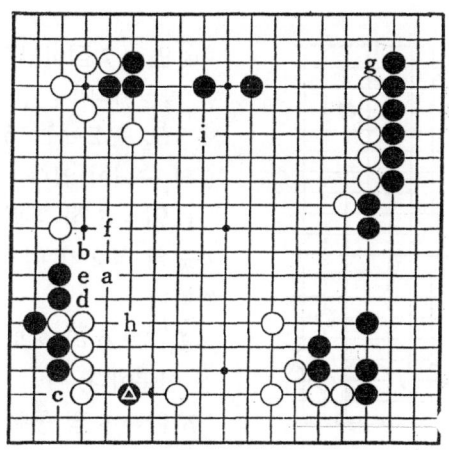

해답분류도

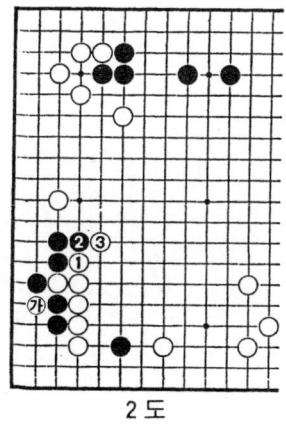

2 도

해답분류

**a** 안＝8점 이곳은 호점인가? 흑c로 두어 흑❷ 표가 움직여 나간다.

**b** 안＝8점 이것은 일응 봉쇄로 흑의 약점이 커버된다.

**c** 안＝8점 착점은 비슷하나 정해가 엄한 수이다.

**d** 안＝7점 입체적인 수이기는 하나 ㉮의 끊음이 남는다.

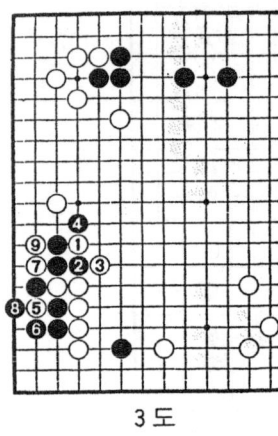

3 도

e 안＝7점 d안과 비슷
한 착상이다.

3도 흑2에는 5, 7,
9의 수단이 있다.

f 안＝6점 좌변을 두면
4도의 흑2가 너무나 날
씬하다.

g 안＝6점 상변을 둔다
면 이곳이다.

h 안＝5점 중복된 느낌
이다. 돌이 무겁다.

i 안＝4점 상변의 흑이
견고해질 영향이 있다.

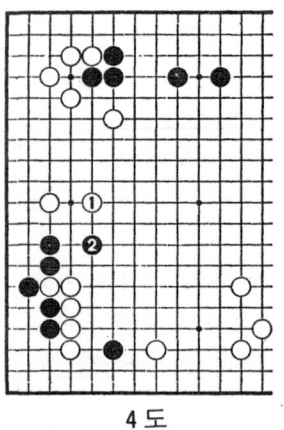

4 도

# 문제 8  흑 선

**힌트** 포석의 마무리 단계다.
중반전의 급소는 어느 곳인가.
백 모양의 결점을 찌르는 문제이다.

문제도

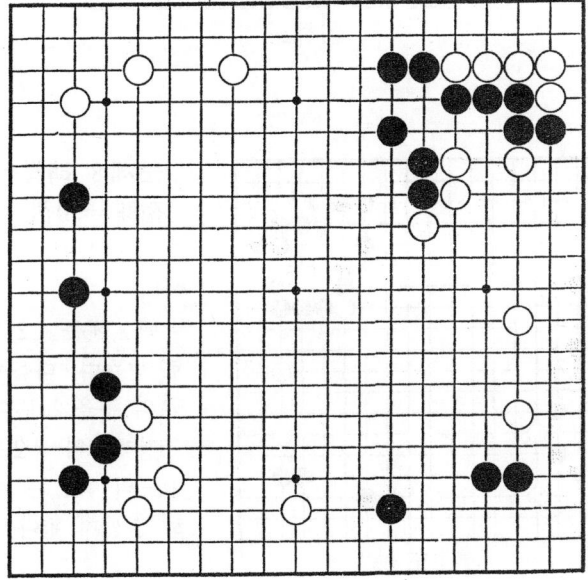

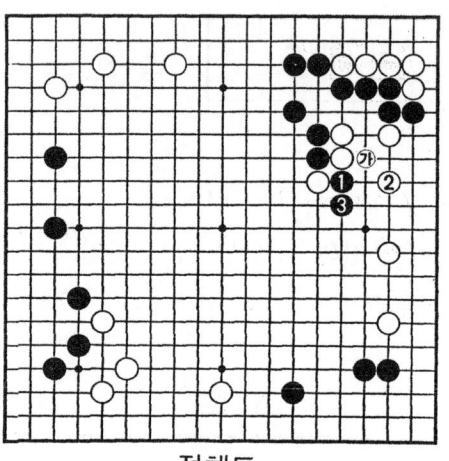

정해도

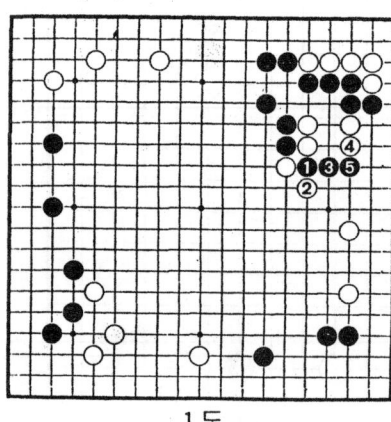

1 도

## 문제 8 해답

정해＝10점 흑
1 의 끊음이 정해
이다.

백 2 에는 3 으
로 뻗는다. 다음에
㉮의 곳을 노린다.

정해도의 백 2 로
1 도의 백 2 는 이
하 5 까지 된다.

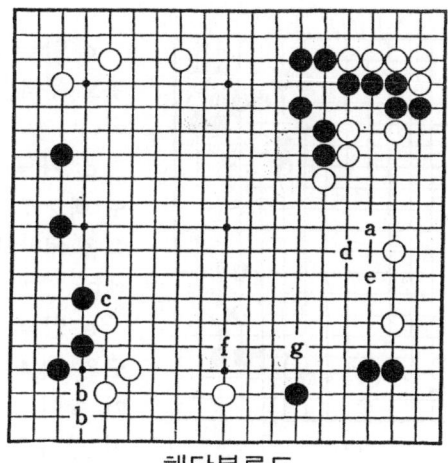

해답분류도

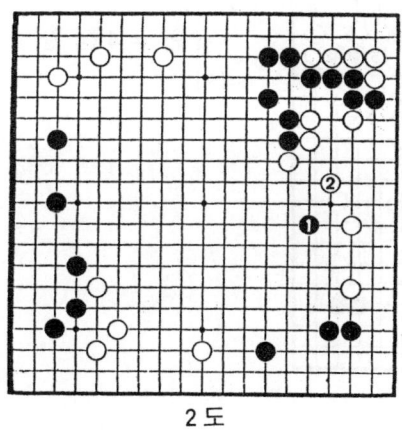

2 도

해답분류

**a 안** = 8점 착상은 좋지만 정해는 아니다.

이 다음 돌이 무거워진다.

손해이다.

**b 안** = 7점 집을 확보하는 것이 크기는 하지만 다음의 문제이다.

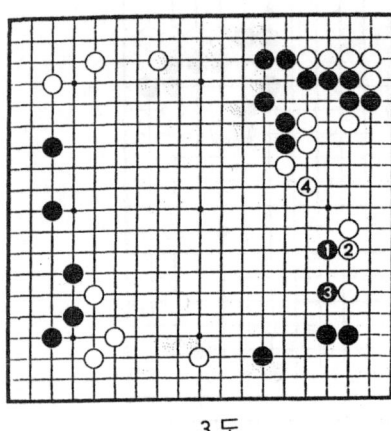

3 도

c 안＝7점이
곳도 두터운 호점
이다.

d 안＝5점 2
도 백 2 로 두어 끊
음을 예방하여 실
패다.

e 안＝5점 3
도의 백 4 까지 되
어 발이 느린 감
이 있다.

f 안＝4점 4
도 백 2 의 반발이
있다.

g 안＝4점 완
착이다.

4 도

## 문제 9     흑 선

**힌트** 어떤 곳을 두어야 할지 쉽지 않은 곳
이다. 공방의 요점과 전국을 한눈에
살필 수 있는 곳이라야 한다.

문제도

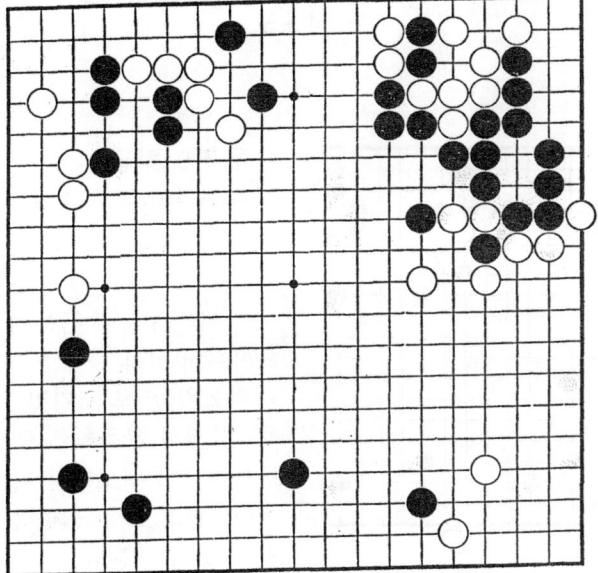

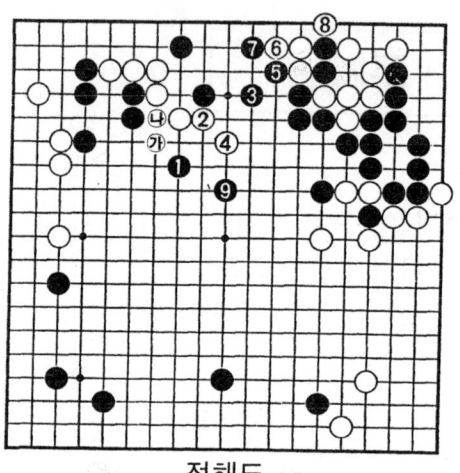

정해도

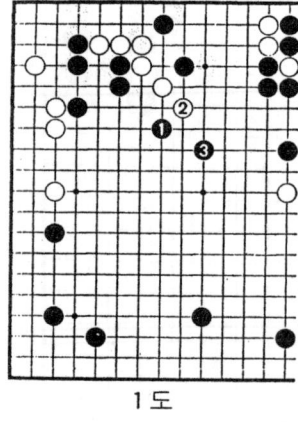

1 도

## 문제 9 해답

정해＝10점 흑 1 로 상변의 백을 공격하는 것이 좋다.

백 2 의 누름엔 이하 9 까지의 공방이다.

백 2 의 ㉮로 나가면 ㉯로 부딪혀 끊음을 노린다.

흑 9 까지 백고전의 양상이다. 백 2 로 1 도의 2 에서 흑 3 까지 둔다.

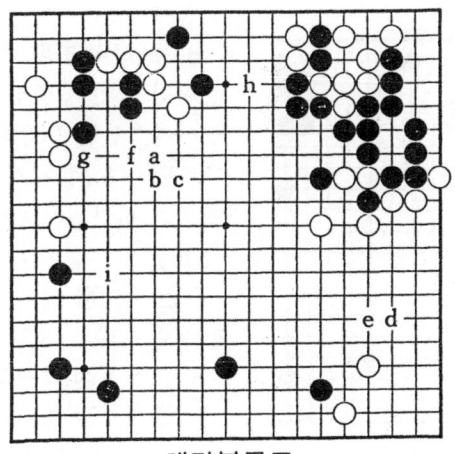

해답분류도

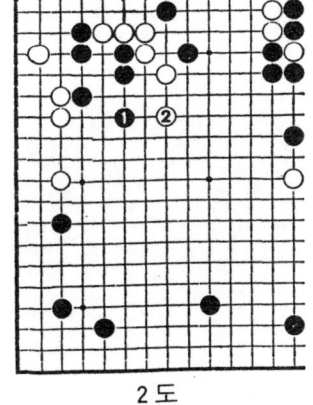

2 도

해답분류

**a** 안＝7 점 정해의 흑 1
다음의 착점이다.

크기는 하나 결점이 남는
다.

a의 날일자는 백이 즐겁
다. 박력이 부족한 수다.

**b** 안＝7 점 이곳도 바른
착점은 아니다.

**c** 안＝7 점 엷은 수로
찬성할 수가 없다.

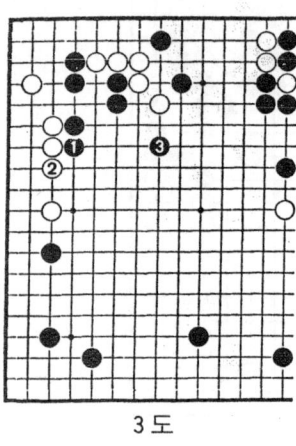

3 도

d · e 안＝6점 다른곳을
둔다면 당연히 촛점이 되는
곳이다. 상변이 급하다.

f 안＝5점 지키는 수.
백2의 한칸뜀이 날씬하다.
(2도)

g 안＝5점 백이 받으면
정해로 둔다. (3도)

h 안＝4점 박력부족

i 안＝4점 지나친 수다.
지금단계에서 한칸은 백2
의 한칸으로 모양이 정비된
다. (4도)

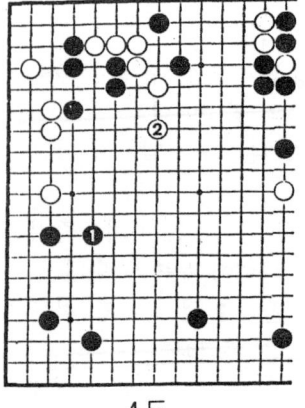

4 도

# 문제 10 　흑 선

**힌트** 백은 우변에 큰 집이 있다.
흑은 이 모양에 대항하여 상변에서
중앙에 이르는 큰 집을 확보해야 한
다.
착수를 어디서부터 해야 할까?

문제도

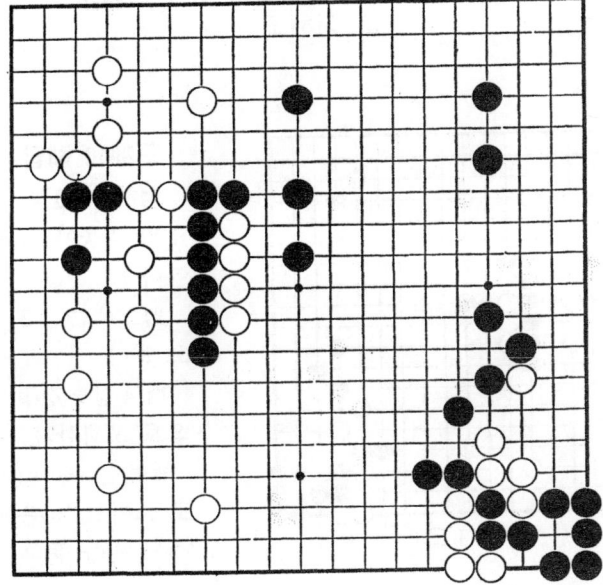

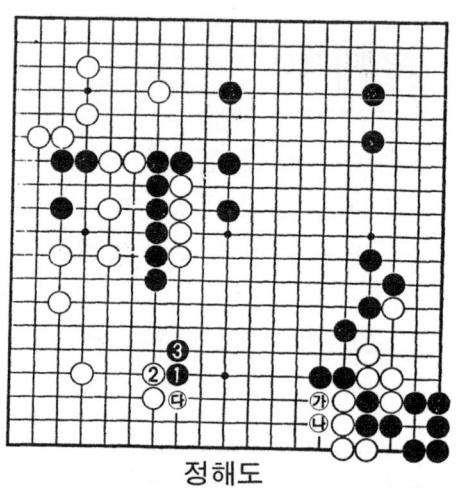

정해도

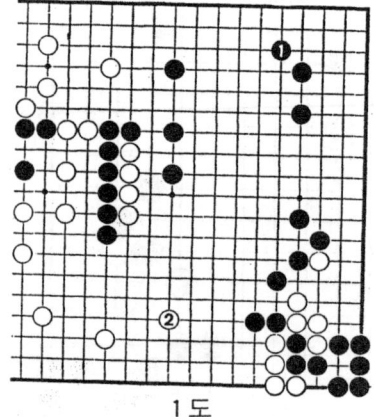

1 도

**문제10 해답**

정해＝10점 흑 1의 씌움이 호점 이다.

백 2에는 3으 로 둔다.

백 4점을 간접적 으로 포획한다.

우변은 흑㉮,㉯ 로 조이고 다음에 ㉰의 곳을 둔다.

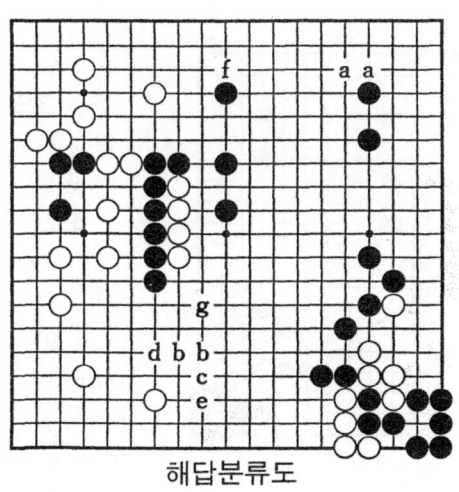

해답분류도

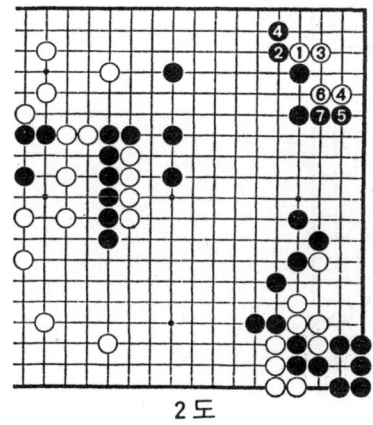

2도

**해답분류**

**a**안 = 8점 견고하고 입체적인 수.

그러나 백2가 좋아(1도) a 의 수비는 소극적이다.

**b** 안 = 7점 정해에 비해 떨어진다.

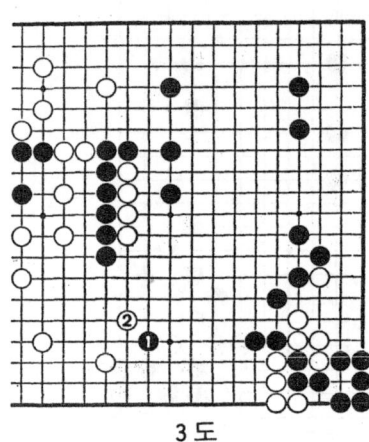

3 도

c 안 = 6 점 이 곳은 3 도의 백 2 가 가벼워 다음 수 가 곤란해진다.

d 안 = 5 점 백 c 로 두어 문제이 다.

e 안 = 4 점 감 각적이긴 하지만 백이 위쪽을 둘수 있어 나쁘다. (4 도)

f 안 = 4 점 이 곳을 내려도 귀에 는 수가 남는다.

g 안 = 4 점 너 무나 작다.

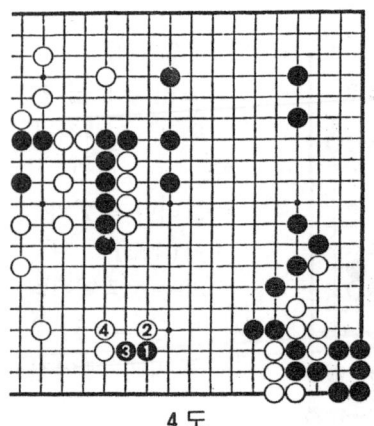

4 도

# 문제 11   백 선

**힌트** 중반의 어려운 곳이다. 실전(実戰)
에서 뛰어들 때에는 결코 정해(正解)
와는 한정(限定) 되지 않는다.
흑△ 표로 들여다 보았다.
전국적인 형세판단을 하여야 한다.

문제도

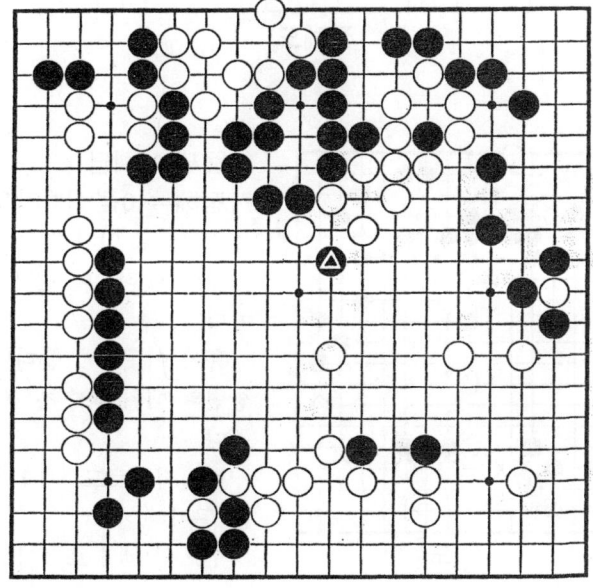

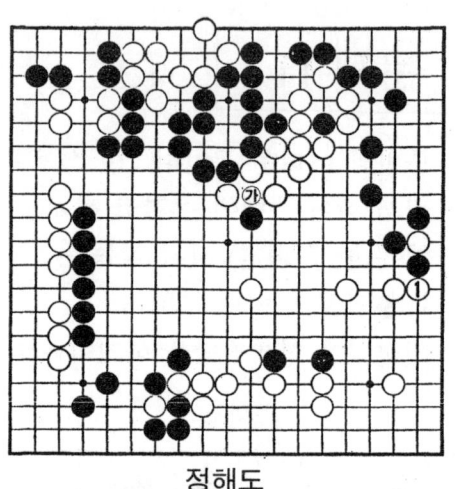

정해도

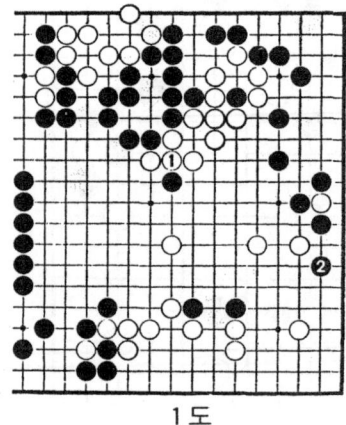

1 도

## 문제11 해답

정해=**10점** 실제적으로 백 ㉮로 잇지 않는다.

1의 내려섬이 큰 곳이다.

흑이 이곳을 둔다면 상변의 백의 착수가 어렵다.

현실적으로도 백 1은 큰 곳이다.

1 도의 백 1 로 이으

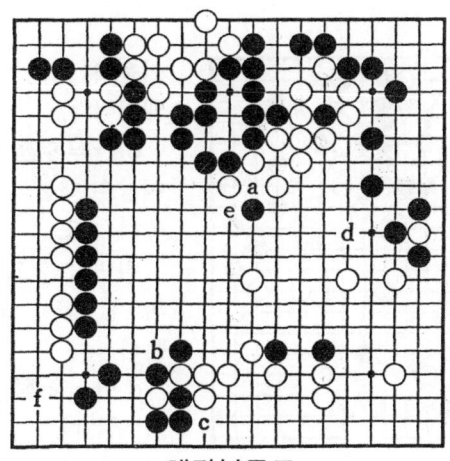

해답분류도

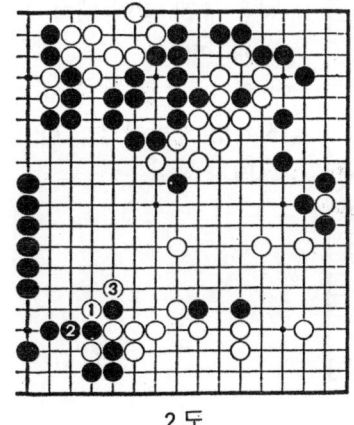

2 도

면 2도의 한칸으로 뛰어 5집.

정해도를 두는 것은 국후 감상에서 여러사람이 같은 의견을 표시했다.

**해답분류**

**a 안= 8 점**  두터운 곳으로 당연하다고 보지만 생각이 부족하다.

**b 안= 6 점**  흑2로

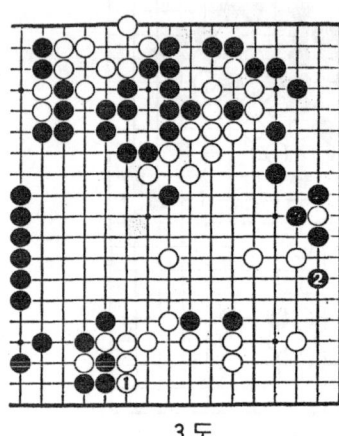

3 도

이을때(2도)　3 까지의
채점이다.

c 안＝ 5 점 우상의 내
려섬은 백 2 가　너무나
좋다(3 도)

하변이 견고해져 우측
의 흑 2 점이 영향을　받
는다.

d 안＝ 4 점 a 의 끊음
이 남는다.

주위 상황으로　보아
좋지 않다.

e 안＝ 4 점 4 도 흑 2
다음 4 로 젖혀 백이 곤
란해진다.

f 안＝ 3 점 큰 곳이긴
하지만 쌍방이 견고하여
묘미가 없다.

4 도

# 문제 12   흑 선

힌트 전단을 어디서부터 구할 것인가?
당신의 기풍을 시험하는 문제이다.

문제도

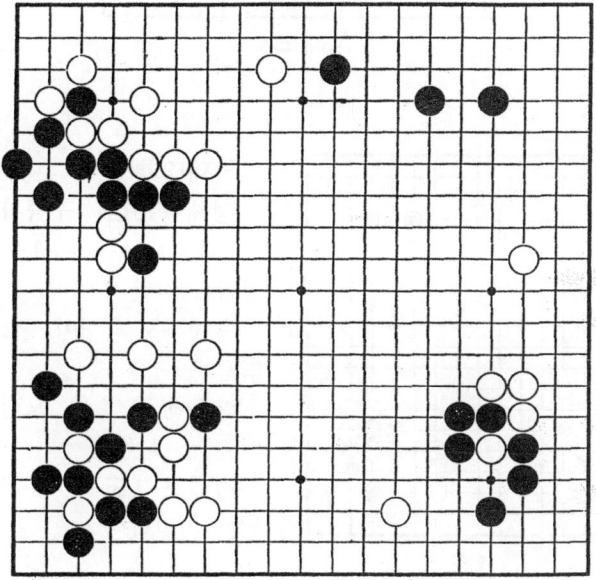

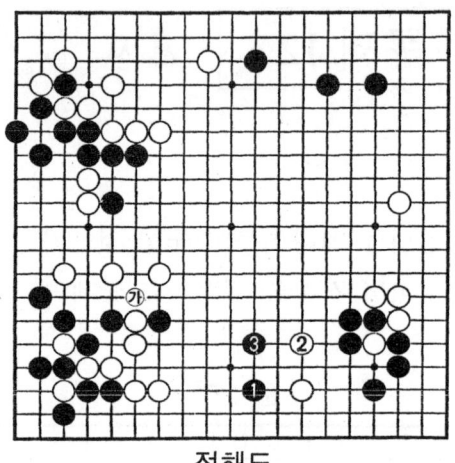

정해도

## 문제12 해답

정해＝10점   우측의 흑이 견고하여   흑 1 의 침입이 엄한 수이다.

흑 3 까지 백집이   삭감된다.

다음에 흑㉮를 노린다.

정해는 1 도 1 의 지킴이 기민하다.

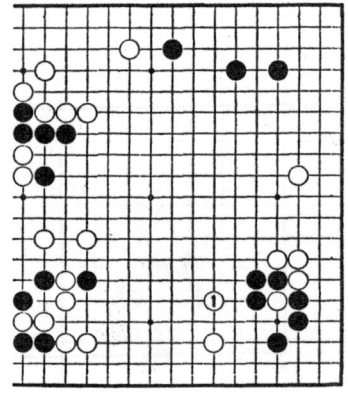

1 도

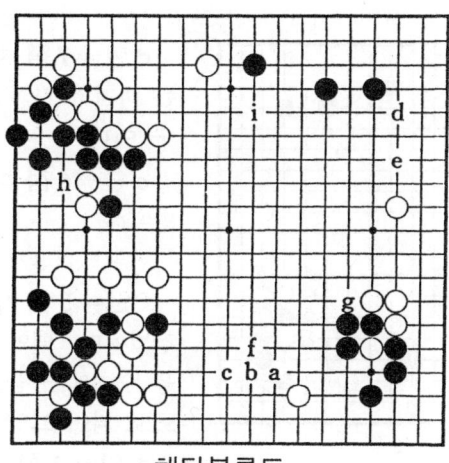

해답분류도

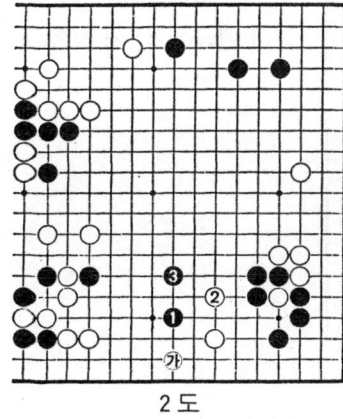

2 도

해답분류

a 안= 8 점 가벼운 삭감이다.

이 모양에선 엄한 수가 되지 못한다.

b 안= 8 점 흑㉮의 여지가 남아 정해보다는 떨어진다(2 도).

c 안= 8 점 이곳을 두면 ㉮의 끊음이 남는다. (3 도)

138

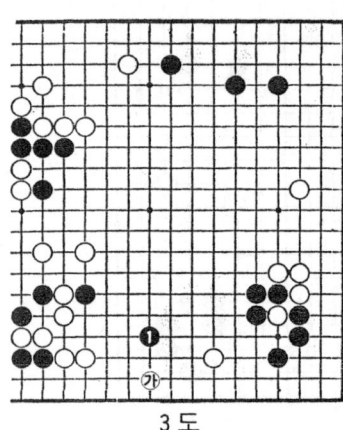

3 도

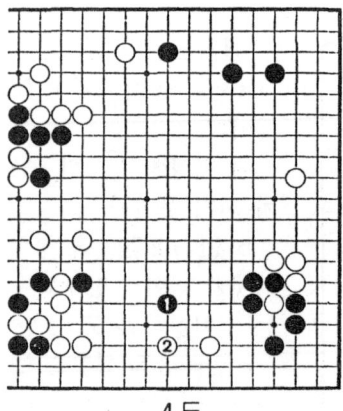

4 도

d 안＝7점 호점이기
는 하지만 기회를 잃는
수 이다.

e 안＝6점 다음의 침
입이다.

귀의 3·3이 남는다.

f 안＝5점 가벼운 삭
감법이다. 백이 받지 않
을 수 있다. 받으면 4
도로 되어 그만이다.

g 안＝4점 두터운
수이다.

h 안＝4점 좌변의 집
을 확보하는 수.

i 안＝4점 이 모양에
선 논외이다.

## 문제 13   흑 선

힌트 두는 곳은 한정되어 있다.
하변의 흑을 수비하느냐, 상변을 두
느냐?
힘이 가해지는 제 1감이 있어야  한
다.

문제도

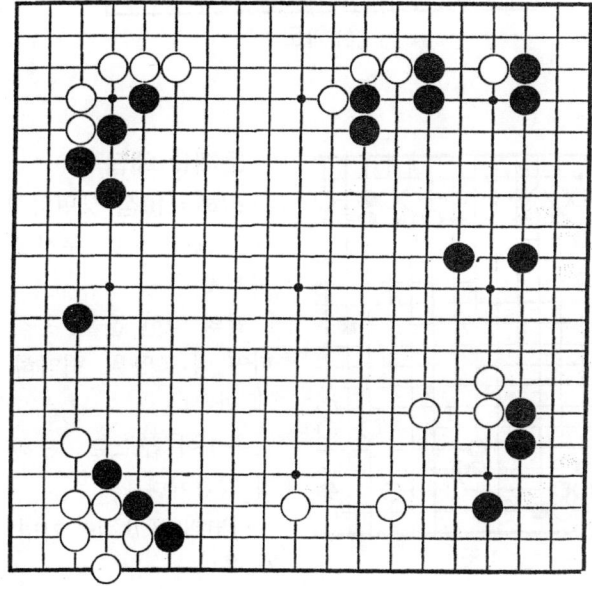

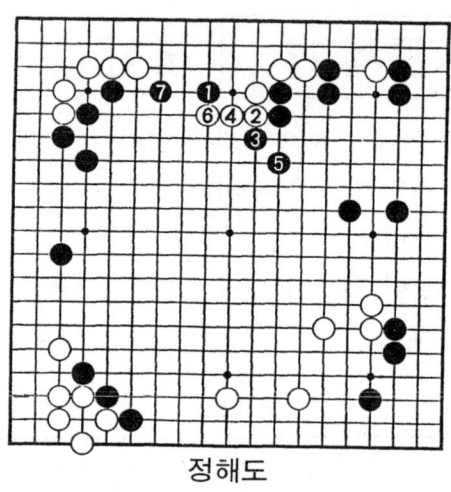

정해도

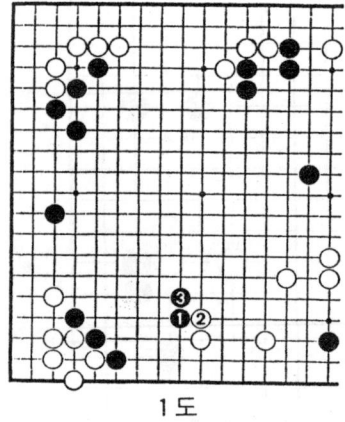

1 도

### 문제13 해답

**정해=10점** 상변의 백을 공격하여 우상을 확정짓는다.

백의 약한 돌을 공격하여 백 모양을 허약하게 만든다.

흑1이 급소로 5까지 정형이다.

하변의 흑3점은 가볍게 본다.

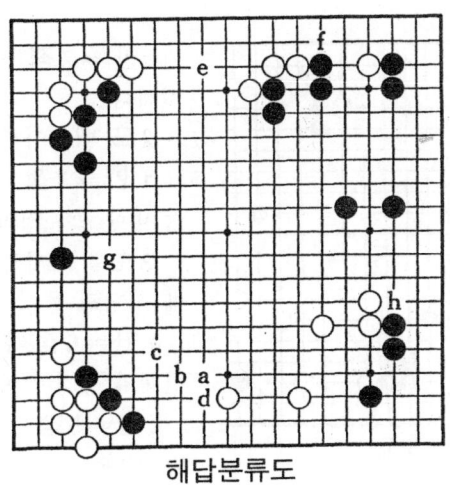

해답분류도

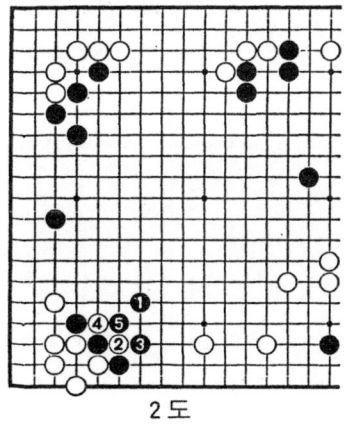

2 도

이것은 가벼운 삭감이다.

1 도 흑 1, 3 은 가벼운 착상이다.

해답분류

a 안 = 8 점 하변에 둔다면 이곳이다.

흑 3 까지 예상이 된다. (1 도).

b 안 = 7 점 이런 모양에선 차라리 a안을 택한다.

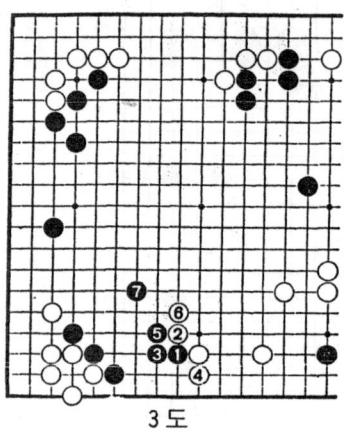

3 도

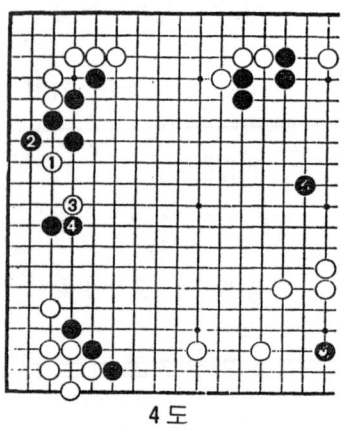

4 도

c안 = 7점 b안과 동일하다.

2도 백 2 이하 5 까지.

d 안 = 7점 이곳을 둘 바엔 a가 정착이다.

3도를 가정하여 볼 때 상당히 돌이 무겁다.

e 안 = 6점 너무 낮아 반대의 공격이 예상된다.

f 안 = 5점 맛이 좋지만 작다.

g 안 = 5점 좋은 곳이다. 4도가 예상된다.

h 안 = 4점 작다.

# 문제 14

백 선

힌트 공방의 요점은 ?
둘 수 있는 곳은 많다.
다음의 한 수가 국면을 결정한다.

문제도

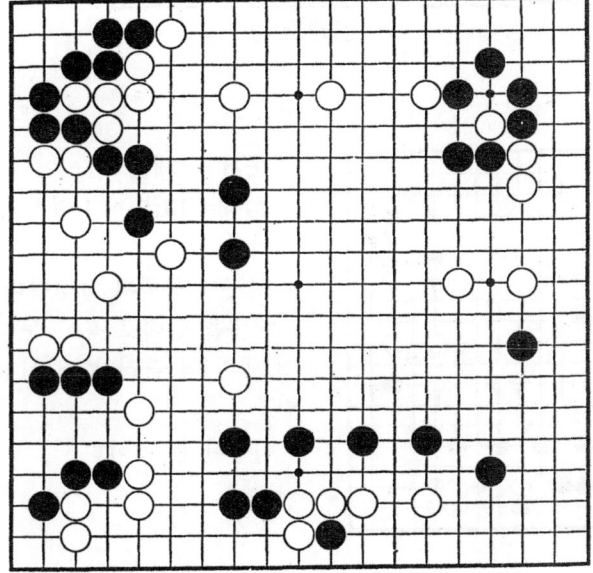

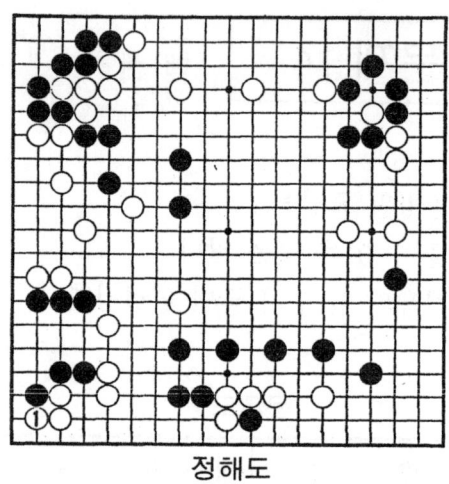

정해도

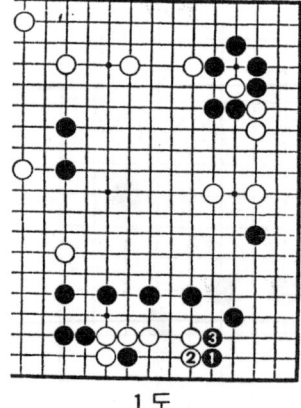

1도

## 문제14 해답

정해＝10점 백 1 의 구부림이다.

이곳이 공방의 요점이다.

이곳을 반대로 흑이 둔다면 백의 집 근거가 없어진다.

비상한 큰 곳이다.

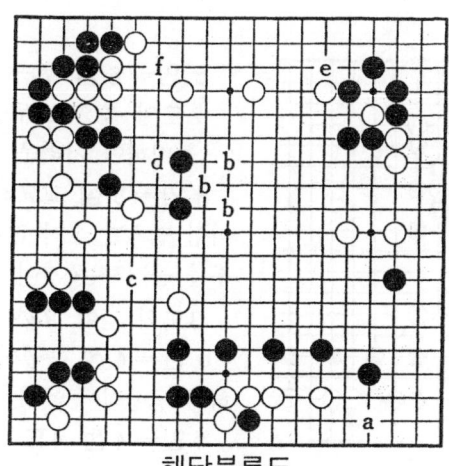

해답분류도

해답분류

a안 = 8점 이곳을 달리는 것도 큰 수이다. 1도의 흑 1, 3을 비교하여 보면 알 수 있다. 백 a 에는 흑도 영향력을 받는다. 그러나 정해에 비

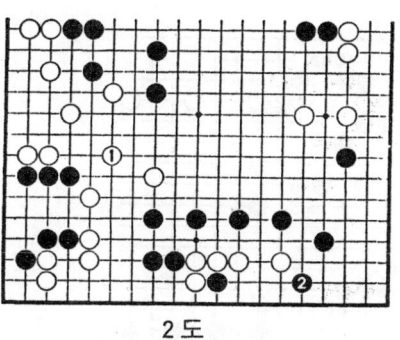

2 도

해 가치가 덜하다. b안 = 7점 중앙의 흑을 공격하는 것은 시기가 문제이다.

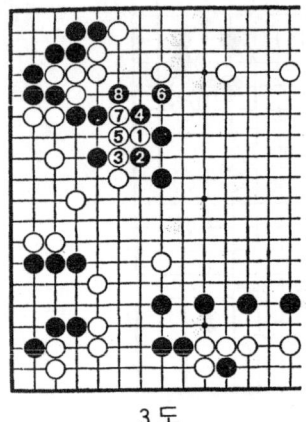

3 도

c 안=6점 두터운 수다.

2도의 흑2로 두면 연락이 불비하여 어려운 곳이다.

d 안=5점 교묘하지만, 직접 법으론 좋지 않다. 배후를 공격하는 것이 좋다.

3도와 같이 8까지 된다.

e 안=4점 흑돌이 견고하여 영향력이 없다.

f 안=4점 4도 흑3의 끊음은 한점을 가볍게 사석으로 이용한다.

완착이다.

4 도

## 문제 15   흑 선

**힌트** 호점을 두어 흑이 우세를 잡을 수 있는 국면이다.
전투요령을 시험하는 문제이다.

문제도

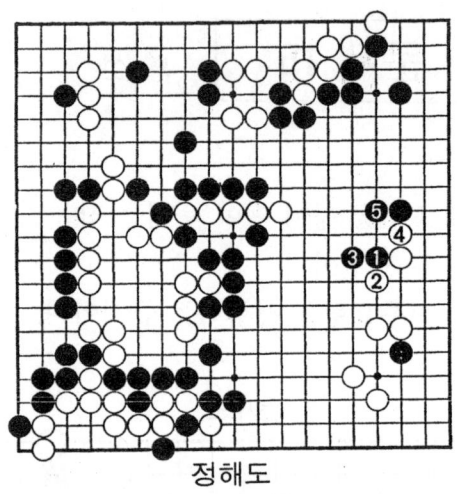

정해도

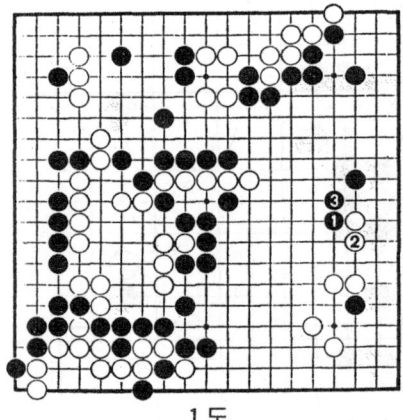

1도

## 문제15 해답

정해＝10점 중앙의 5점을 간접적으로 취하는 수가 좋다.

흑1에 백2 다음 5까지다.

1도 백2로 뻗으면 3으로 잇는다.

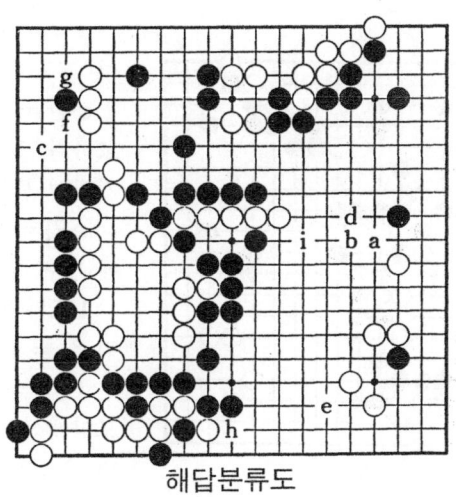

해답분류도

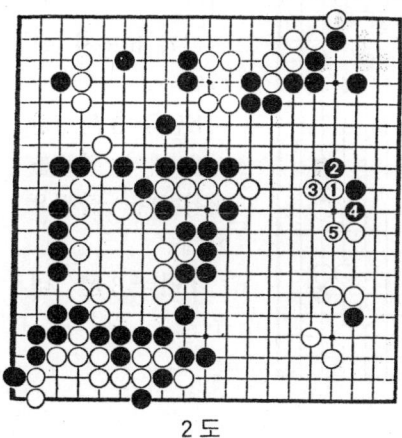

2 도

2 도　백 1 과의
차이가 크다.
　해답분류
　a 안＝9 점 준
정해이다.
　b안＝8 점 호
점이다. 3 도 백 2
로 결점을 노린다.
　c안＝7 점 호
점이다. 2 도와 같
이 중앙으로　향한

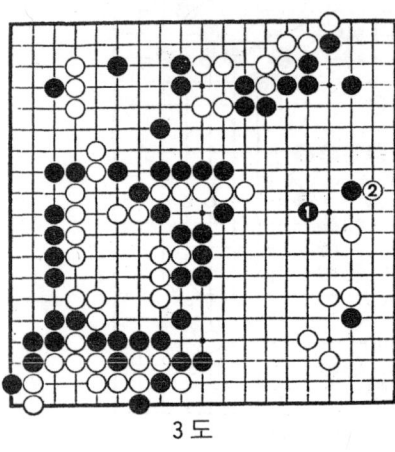

3 도

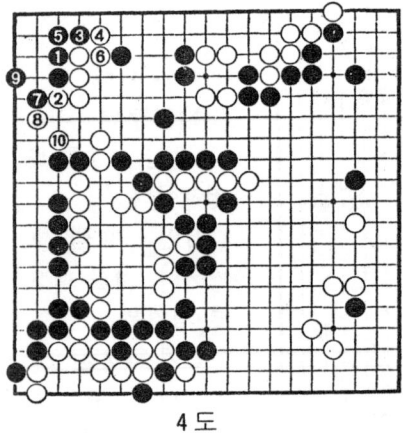

4 도

다.

**d안 = 7 점** 견고하다. 그러나 여기에선 불필요하다.

**e안 = 6 점** 귀에 맛이 남는다.

1 도와 같이 두지 않을 수 없다.

**f안 = 5 점** 이 모양에선 c 안이 낫다.

**g안 = 4 점** 4 도 백 2 의 내림이 있다.

이하 10까지 된다.

**h안 = 3 점** 한 점을 때려 활로를 개척한다. 불필요한 수.

**i안 = 3 점** 너무 작은 곳이다.

## 문제 16  흑 선

**힌트** 전국을 살피면 한 눈에 들어오는 곳
이 있다.
좌하변의 흑의 약한 돌이다.
3 수 정도를 생각해보자.

문제도

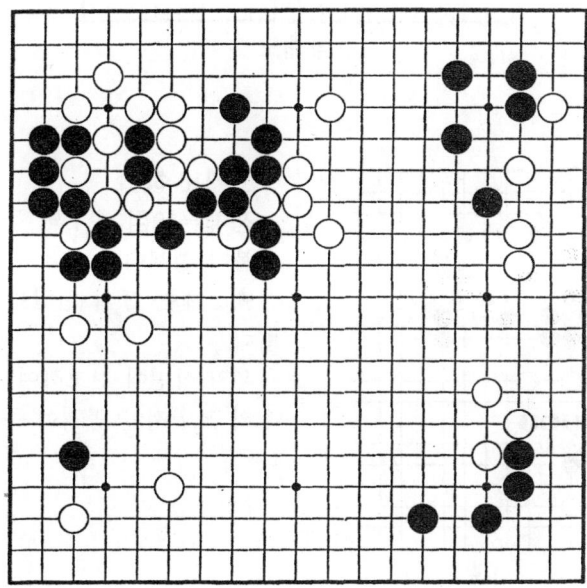

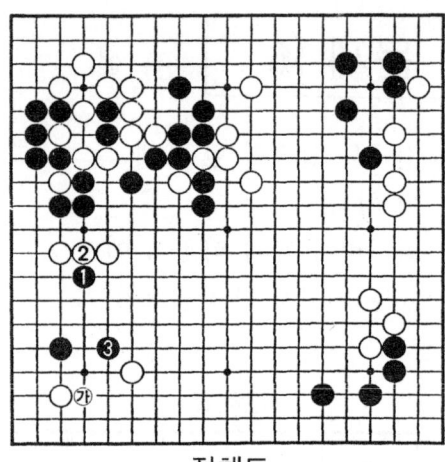

정해도

## 문제16 해답

정해=10점 흑 1 의 들여
다봄이 정해이다.

백 2 에는 3 의 한칸이 가
볍다.

흑의 상변이 견고하여 흑
1 의 노골적인 공격이 듣는
다.

1 도

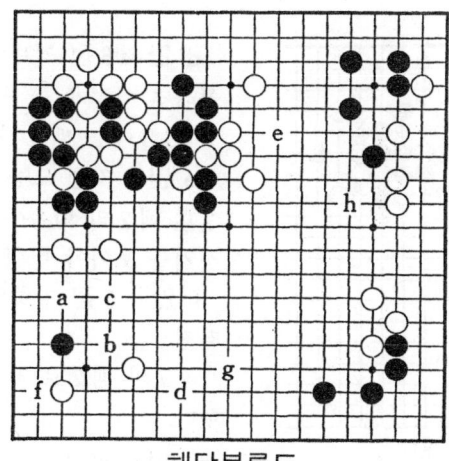

해답분류도

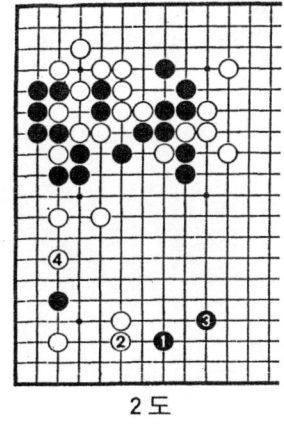

2 도

해답분류

a 안＝8 점 호수로 경쾌함의 의미가 있다.

정해보다는 한걸음 뒤떨어진다.

b 안＝7 점 모양의 급소이긴 하나 정해가 아니다.

c 안＝7 점 이곳이 맥일까?

이렇게 두면 백 2, 4 의 내려섬이 있다.

154

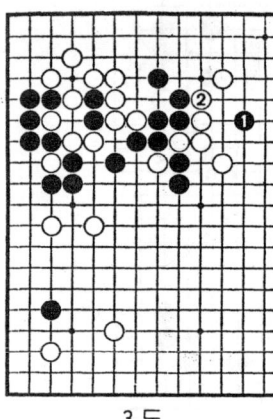

3 도

d 안=6점 좌변이 촛점이라면 이렇게 둘 곳이다.
2도 3에는 백4가 좋다.

e 안=6점 모양의 급소.
3도 백2의 받음이 있다. 시기를 보아야 한다.

f 안=6점 일종의 응수타진.
4도의 백2로 역공을 취한다.

g 안=4점 큰 곳이다. 허나 백에 좌변을 두게 한다.

h 안=4점 상변의 백을 크게 공격하는 의미가 있으나 일방적인 공격이다. 호점이다.

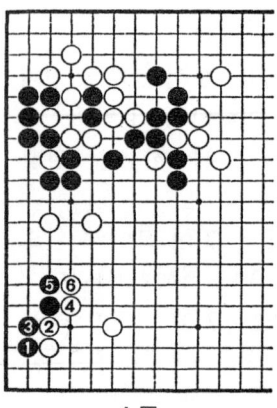

4 도

## 문제 17 백 선

**힌트** 부분적인 큰곳 보다는 대세를 가름
하는 큰곳이어야 한다.
어느 곳일까?

문제도

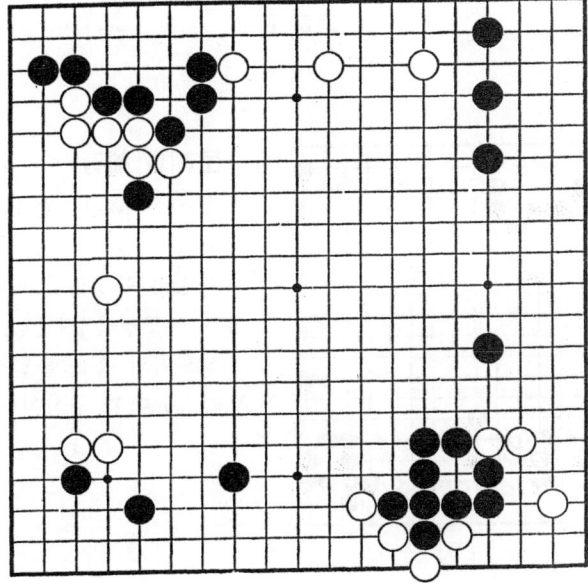

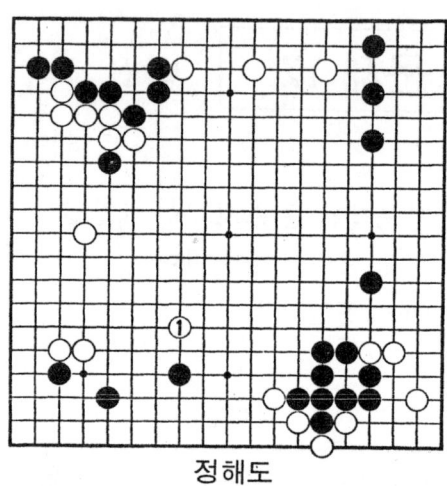

정해도

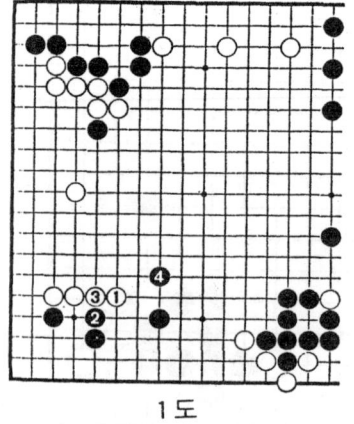

1 도

**문제17 해답**

정해 = 10점　백 1 이
흑모양의 접점이다.

좌변의 흑모양을 제한
하고 백모양을 키운다.

좌하귀의 흑은 불완전
하다. 웅대한 구상이다.

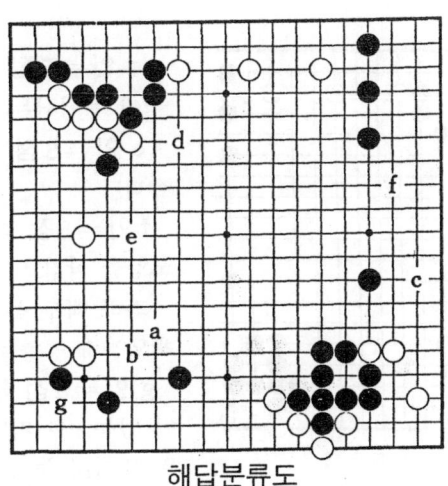

해답분류도

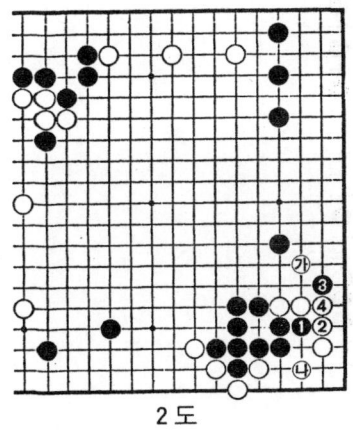

2 도

해답분류

  a 안 = 8 점  준정해
이다.

  b안 = 7 점  견실한가?
흑에 정해점을 허락한다.
  1 도의 결과이다.

  c 안 = 6 점  이곳이
호점인가. 좌하의 백은
흑이 공격하여도 활로가
있다.  2 도  3 에는  다
음에 ㉮와 ㉯가 맞보기
다.

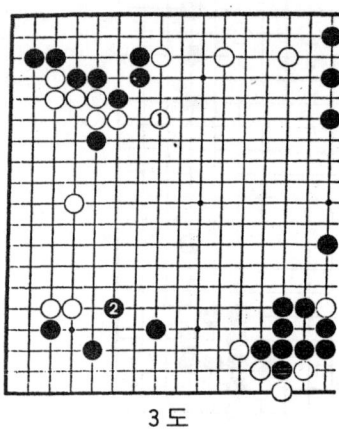

3 도

d 안＝5점 하변을
흑이 두어서는 문제다.

e 안＝5점 이곳은
작다.

f 안＝5점 좌변의 흑
모양을 삭감.

좌하 백도 불완전하여
백모양에 영향을 미친다.

g 안＝5점 흑은 결점
이 있는 곳이지만 4도
의 10까지 두어 흑의 우
세이다.

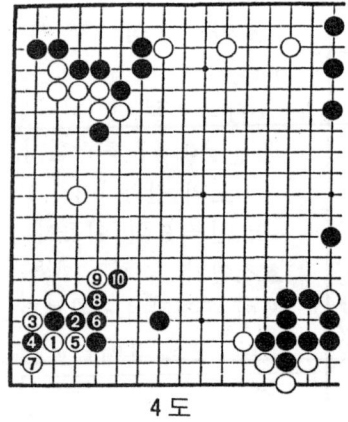

4 도

## 문제 18   흑 선

**힌트** 공격은 최대의 방어라고 하는  말이
있다.
이것이 문제인데 어느 곳일까?

문제도

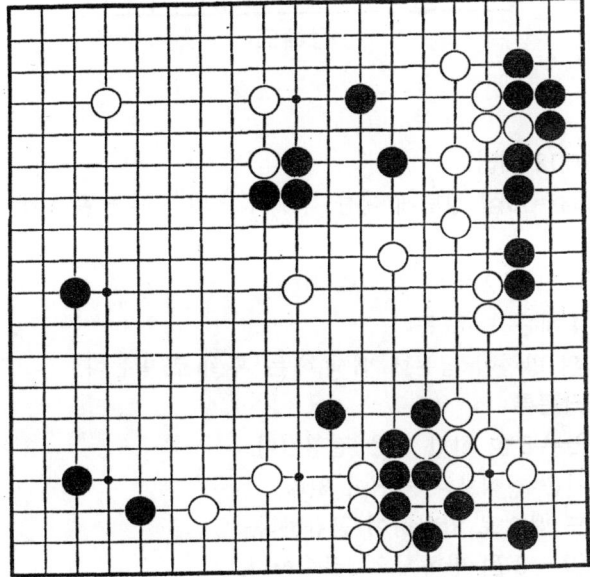

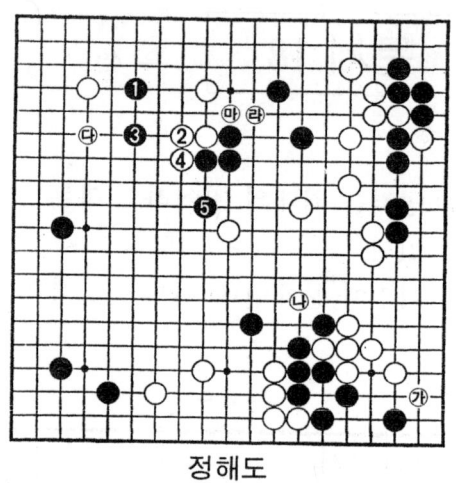

정해도

## 문제18 해답

정해=10점 상변에 대한 흑1이 흑의 위력을 활용한 수이다.

정해도 백2에는 3으로 뛴다.

백4에는 5로 둔다.

㉯의 방향이 남는데 백㉵에는 흑㉣로 받는다.

### 해답분류

a 안=8점 한칸 낮은 걸침이다.

이것은 정해보다 박력이 없다.

1도 백2로 압박하여 곤란하다.

b 안=8점 방향착오, 본수이다.

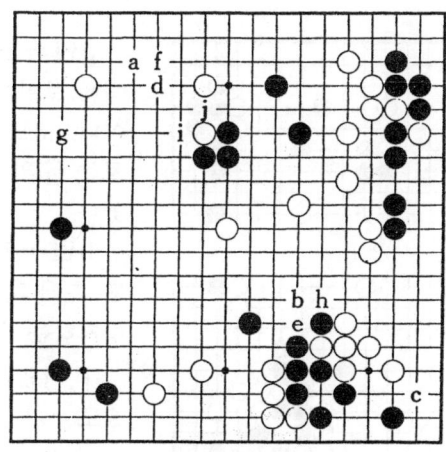

해답분류도

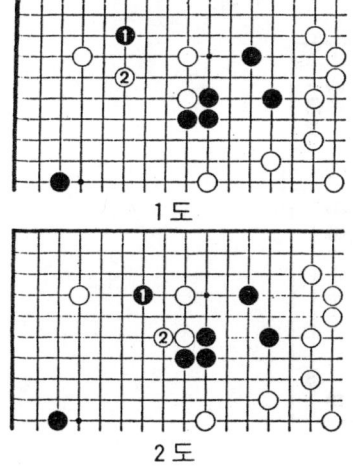

1 도

2 도

c 안＝7 점　너무일찍 삶을 서두르고 있다. 강하게 대처해야 한다.

d 안＝7 점　이쪽을 착안하는게 정수이나 2도의 백 2 로 되어 어려운 싸움이다.

e 안＝6 점　b안의 방향으로 움직인다.

f 안＝5 점　낮은 착점이라 나쁘다.

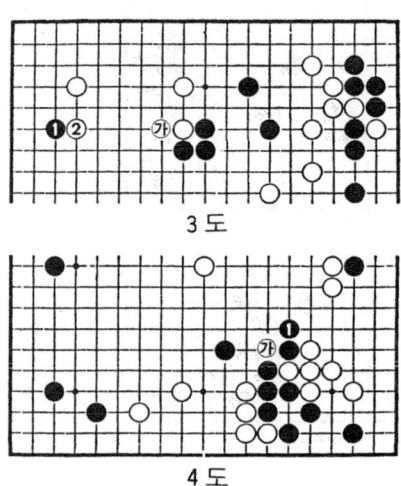

3 도

4 도

g안=5점 생각해 보아야 할 곳이다. 3도의 백 2로는 ㉮의 단수가 있다.

h안=3점 4도 흑㉮의 끊음을 방지하는 수다.

i, j안=3점 5도, 가정하여 보면 10까지로 흑 모양이 보잘것 없다.

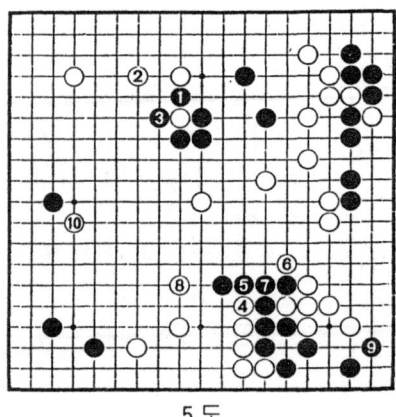

5 도

## 문제 19  흑 선

힌트 하변의 흑 모양에 대한 문제이다.
상변에 대한 제 1감의 구상은  어느
점일까.

문제도

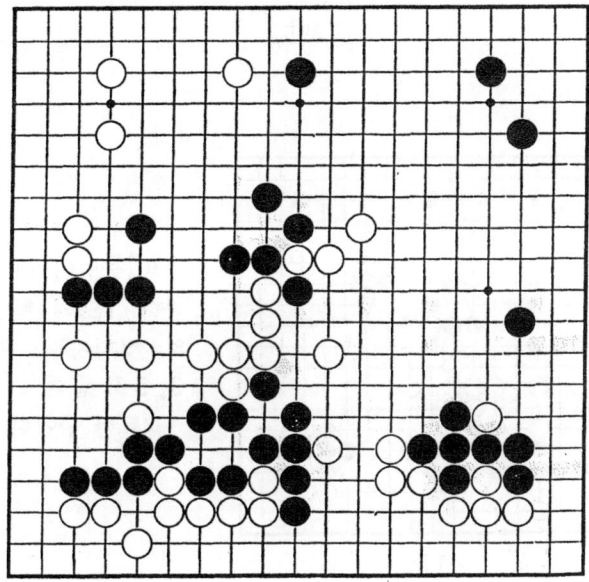

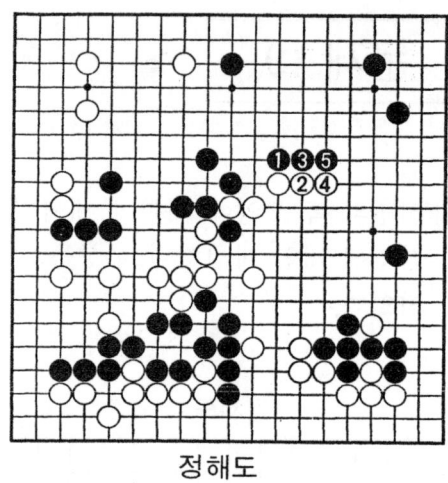

정해도

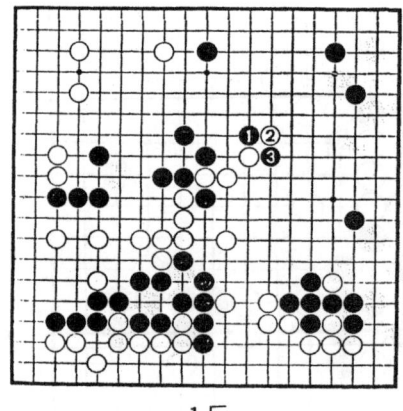

1 도

정해＝10점 혹 1의 붙임이 예리하다. 1도의 백2의 젖힘에는 혹 3, 5로 둔다. 교묘한 수이다.

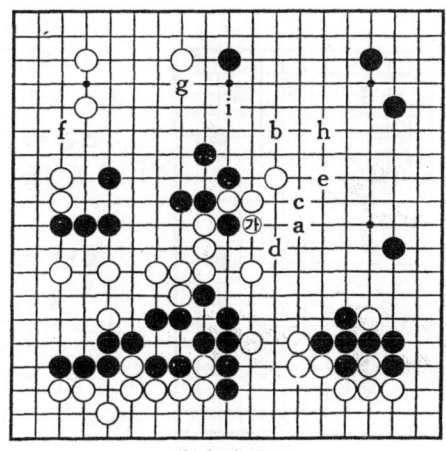

해답분류도

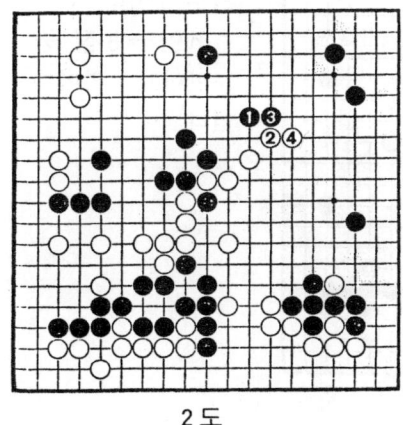

2 도

해답분류

　a안 = 8 점 다음에 ㉮의 착상이다.

　b안 = 7 점 정해보다는 한 길 차이이다. 2 도의 백 4 까지 정해에 반(反)한다.

　c안 = 7 점 이곳이 급소이다.

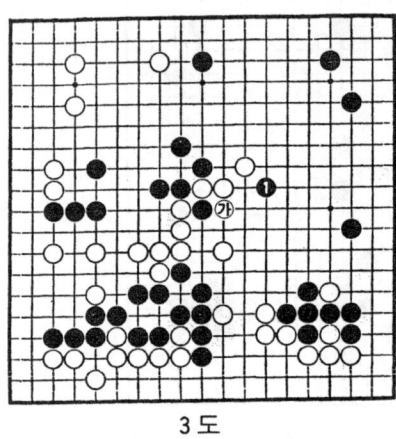

3 도

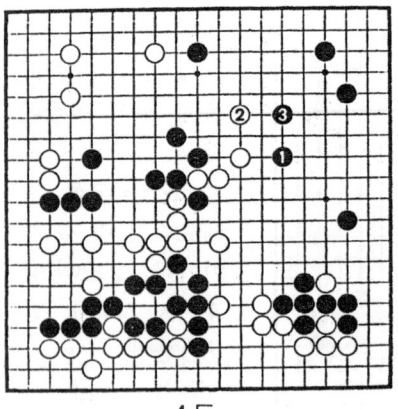

4 도

3도의 ㉮의 뻗
음을 노린다.

d안＝6점 백
의 착점을 묻고 있
다.

e안＝6점 좌
변에 중점을 둔 수
이다. (4도)

f안＝6점 이
곳에 두는 수가 있
다.

시기가 문제이다.

g안＝6점 두
터운 수이다.

h안＝5점 중
도반단의 의미가
있다.

## 문제 20  백 선

힌트 정해는 어느 곳일까?
　　금후의 전투가 문제가 된다.
　　다음의 한수는 어느 곳일까?

문제도

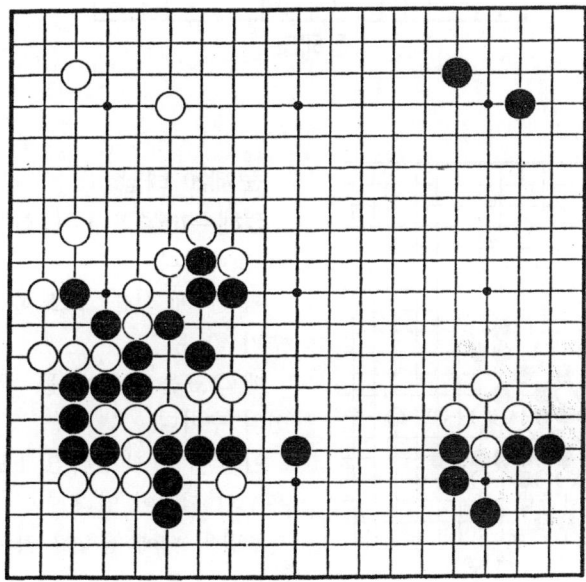

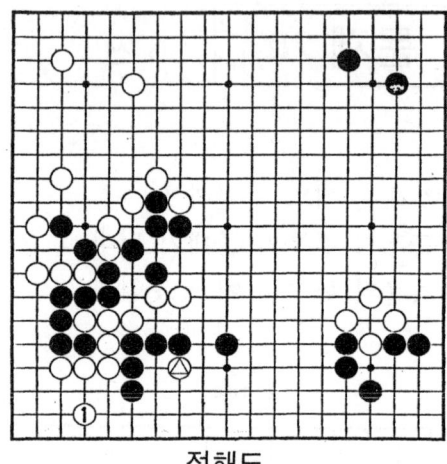

정해도

## 문제20 해답

정해=10점 백1의 한칸이 정해이다.

확실하게 삶을 도모하는 수가 좋다.

백△표를 염두에 둔 최선의 수이다.

이 백1을 태만하면 1도 흑1의 달림이 있다.

우방의 백에 영향이 있다.

1 도

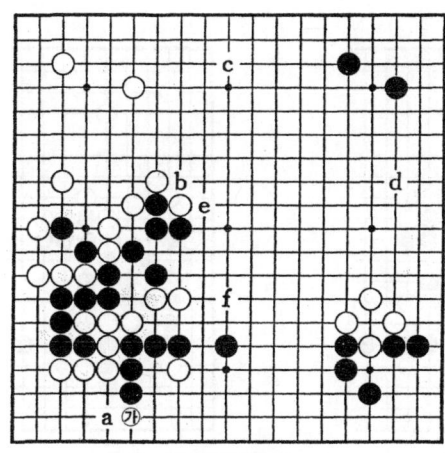

해답분류도

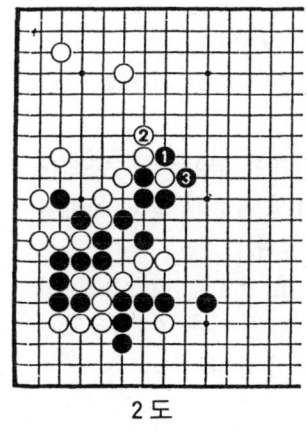

2 도

해답분류

**a 안**=8점 흑㉮로  두어 활로가 없다.

착안이 옳은가?

**b 안**=8점 2도와 비교하여 보면 크다.

흑이 이점을 달리면 3도와 같이 즐겁다.

**c 안**=6점 큰  곳이나 불안한 곳이다.

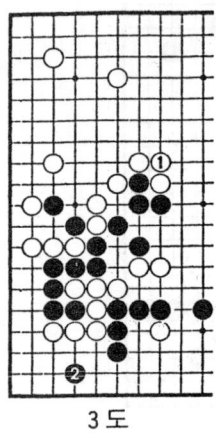

3 도

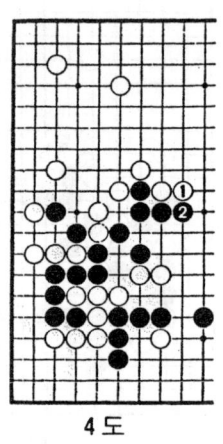

4 도

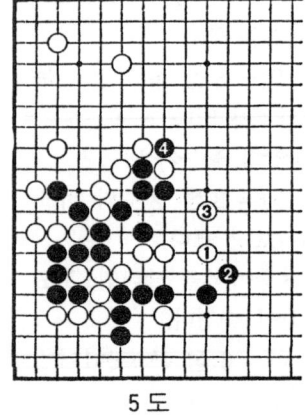

5 도

d 안＝6 점 큰곳으로 이
곳도 요점이다.

e 안＝5 점 이곳을 둔다
면 b안이다.

끊음이 남아 맞이 나쁘다.

4 도 흑 2 의 밀고 올라섬
이 있다.

f 안＝4 점 한칸으로 뛰
어나감은 이후 4 의(5 도)
끊음이 좋다.

# 제 3 장

# 종반의 부(部)
## 당신의 점수는?
### 〈문제 1～10문〉

# 당신의 점수

●종반의 부(部)

| 문제 1 | 점 | 문제 6 | 점 |
|--------|---|--------|---|
| 문제 2 | 점 | 문제 7 | 점 |
| 문제 3 | 점 | 문제 8 | 점 |
| 문제 4 | 점 | 문제 9 | 점 |
| 문제 5 | 점 | 문제 10 | 점 |

| 합　계 | 점 | 종반의 부(部) | 급·단 |
|--------|---|--------------|-------|

| 100 점 ～ | 96 점 ～ 99 점 | 92 점 ～ 95 점 | 88 점 ～ 91 점 | 84 점 ～ 87 점 | 80 점 ～ 83 점 | 76 점 ～ 79 점 | 70 점 ～ 75 점 | 64 점 ～ 69 점 | 58 점 ～ 63 점 | 52 점 ～ 57 점 | 46 점 ～ 51 점 | 45 점 이하 |
|---|---|---|---|---|---|---|---|---|---|---|---|---|
| 7 단 | 6 단 | 5 단 | 4 단 | 3 단 | 2 단 | 초 단 | 1 급 | 2 급 | 3 급 | 4 급 | 5 급 | 6 급 이하 |

## 문제 1    흑 선

힌트 흑은 상변 일대가 크다.
　　백은 중앙과 하변이다. 끝내기의 승
　　부인데 최대의 곳은 ?

문제도

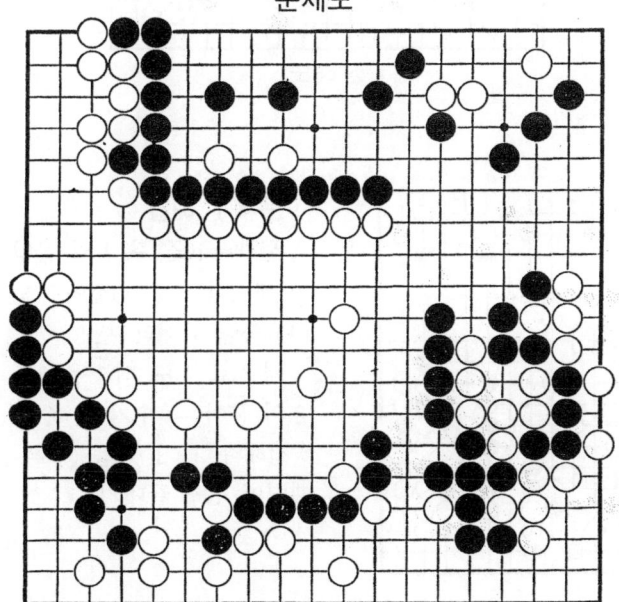

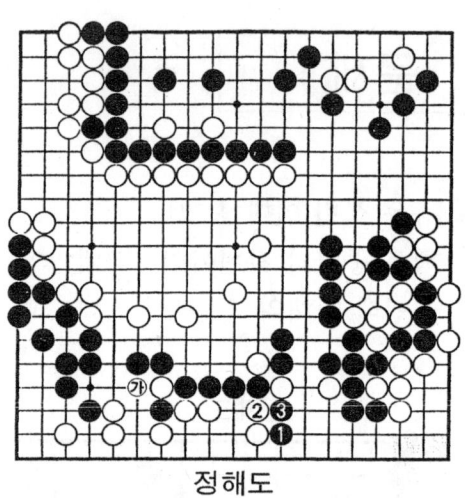

정해도

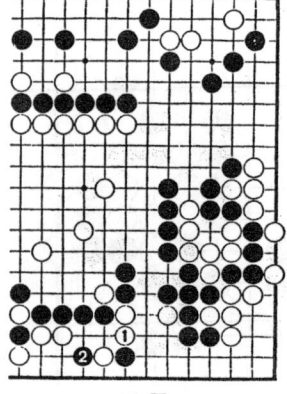

1도

문제 1 해답

정해=10점 흑 1의 붙임이 예리한 수로 10집이 난다. 국중 최대의 곳.

백 2로 1도 백 1은 흑 2의 붙이는 수가 있다.

정해의 1, 3 다음 ㉮의 때림이 선수 끝내기.

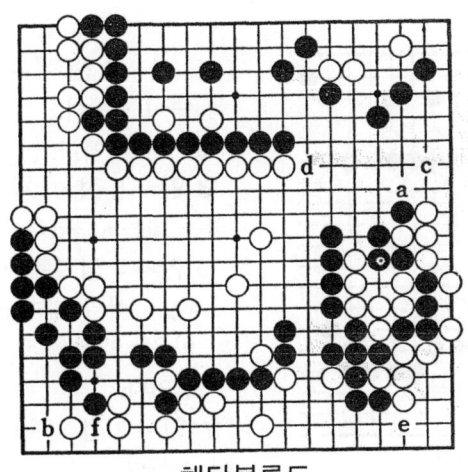

해답분류도

해답분류

a 안= 7점 두터운 수이
지만 존외(存外).

2도 백2, 4 다음 ㉮의
붙임이 남는다.

b 안= 6점 붙이는 수도
크다.

3도 백2에는 3, 5로
둔다.

백6으로 ㉮의 패는 하변
의 백이 약하다.

2도

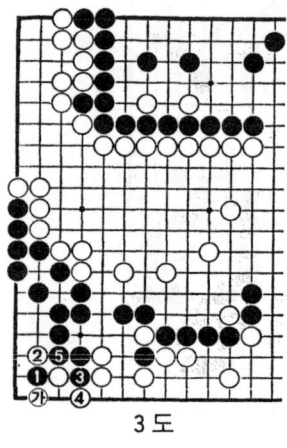

3 도

c 안＝6점 이곳은 젖히
는 수가 남는다.

a가 본수이다.

d 안＝5점·이 방면은 젖
히는 데는 a나 d다.

e 안＝4점 큰 곳이다.

4도, 백의 내려섬과 흑
의 이음, 백이 4로　두는
수가 있다.

f 안＝2점 악수의　부류
에 속한다.

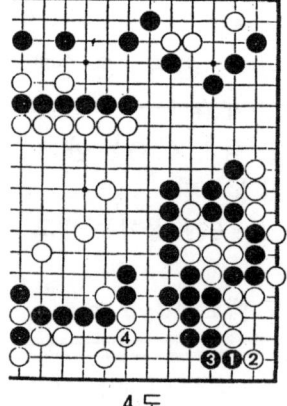

4 도

# 문제 2  백 선

힌트 우하귀의 흑의 수단은 귀의 끊음 등
이다. 크고 작음을 비교하여 정해를
선택하여 보자

문제도

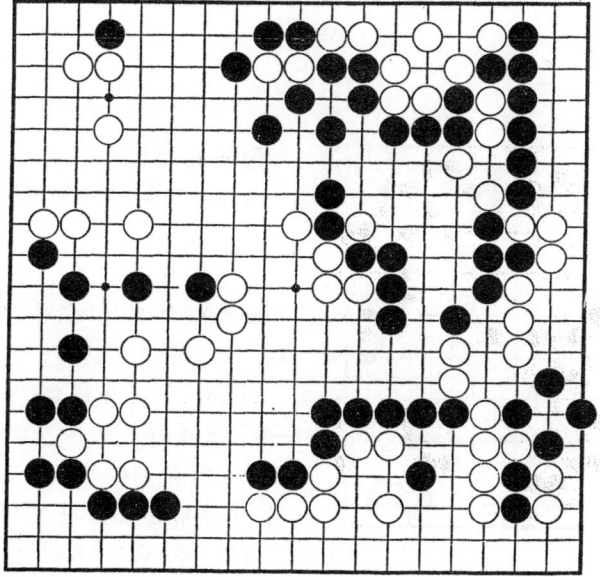

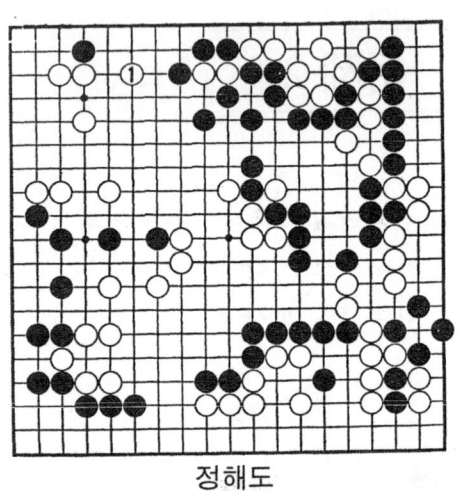

정해도

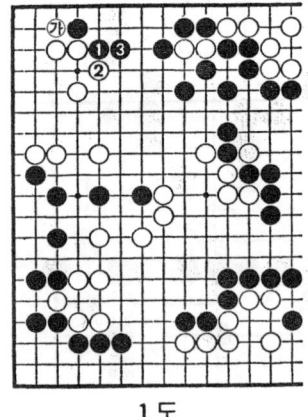

1 도

정해 2 해답

정해＝10점 흑１이 큰곳
이다.

반대로 １도 흑１, ３을
비교하여 보면 알 수가 있
다.

귀쪽의 흑１, ３은 ㉮의
수가 크다.

그렇기에 좌하귀의 수단
을 생각해 볼 필요가 있다.

２도 흑１의 이음에서 ３

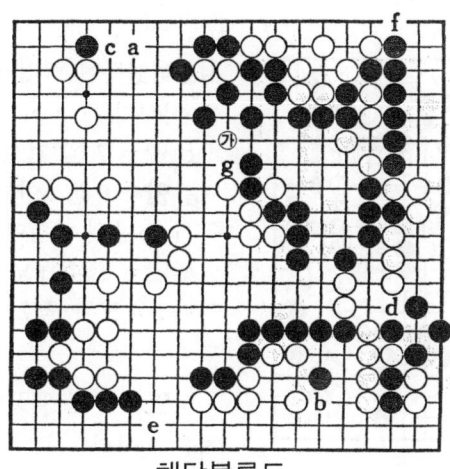

해답분류도

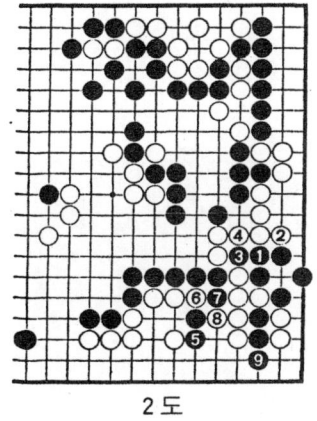

2 도

의 끊음, 이하 흑9까지 백이 곤란하다.

3도 백1에 흑2, 백3으로 때리면 흑4로 이어 둔다.

작지 않은 곳이다.

**해답분류**

a 안= 8 점 착안은 같으나 모양이 정해보다는 떨어진다.

b 안= 7 점 정해안에서

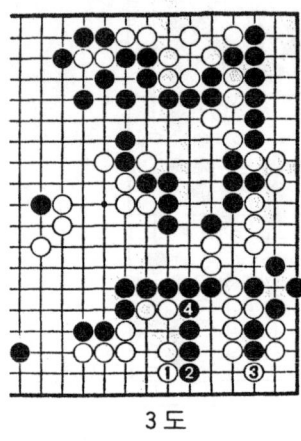

3 도

설명하였듯이 백집을 감소
를 시킨다.

c 안=7점 견실한 수.

d 안=6점 b안과 같은
취지. b안의 방법이 득이다.

e 안=5점 무난한 끝내
기다. 4도의 흑2, 4가 있
다.

f 안=4점 역끝내기다.
작은 곳이다.

g 안=3점 흑㉮의 응수
로 그만이다.

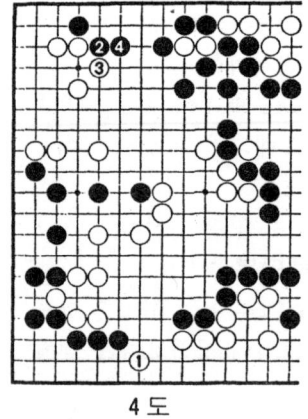

4 도

문제 3 　백 선

힌트 이런 문제를 한 눈에 볼 줄 알아야
한다. 피아의 요처는?

문제도

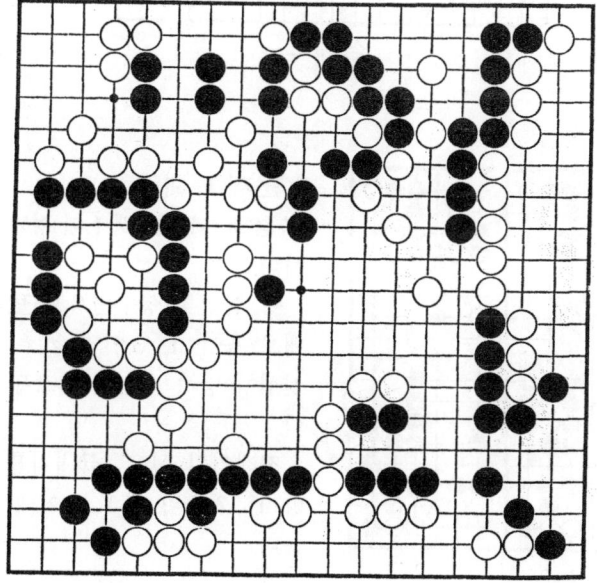

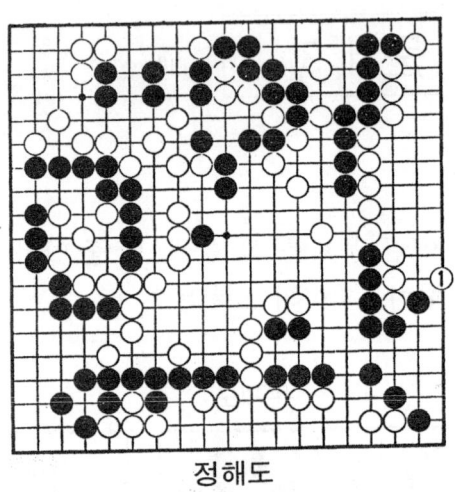

정해도

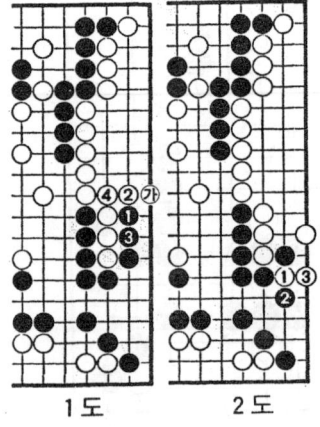

1 도       2 도

## 문제 3 해답

정해＝10점 백 1 이 정해이다.

이 점이 비상수단으로 반대로 흑이 1, 3 이면 ㉮ 의 젖힘이 남아 ·백집이 감소된다.

정해안의 선수 끝내기를 방지. 2 도의 백 1, 3 이 남는다.

183

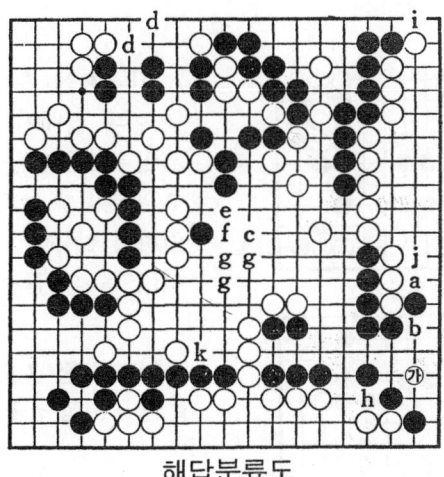

해답분류도

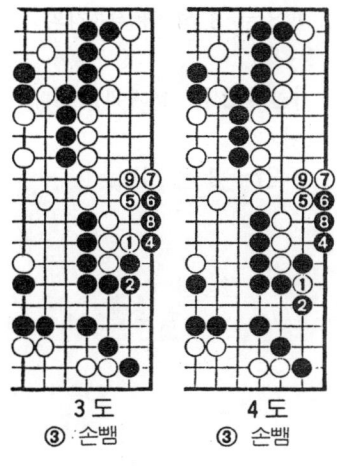

3도
③ 손뺌

4도
③ 손뺌

해답분류

a 안=8점 이곳도 선수이다. 3도의 흑2 다음에 4 이하의 끝내기가 남는다.

정해의 맥의 견습이다.

b 안=8점 4도 백1의 끊음이 고급수단이다.

백5 이하의 받음에서 9까지.

c 안=7점 5도 흑2 이하의 끝내기

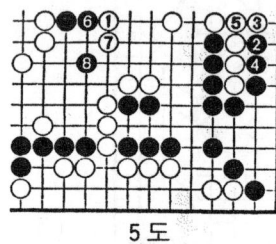

5 도

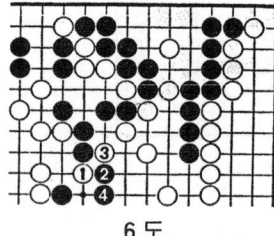

6 도

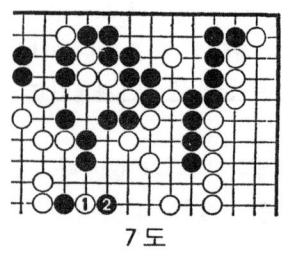

7 도

d 안＝6점 흑이 내려서
는 차이의 끝내기.

e 안＝5점 엄한 수. 6 도
흑2의 끊음엔 3의 끊음이
성립하지 않는다.

백f, 흑c의 끊는 맛은 없
다.

f 안＝5점 7도의 결과

g 안＝5점 전술한 바 있
다.

h 안＝4점 흑㉮의 받음
이다.

i 안＝3점 역끝내기의
정해안.

j안＝3점 정해에 위배
된다.

k 안＝3점 작다.

## 문제 4

백 선

힌트 흑에서 절대의 한수를 놓쳤기 때문
에 역끝내기의 선수가 있다.
호수는 많은데 착안점이 문제이다.

문제도

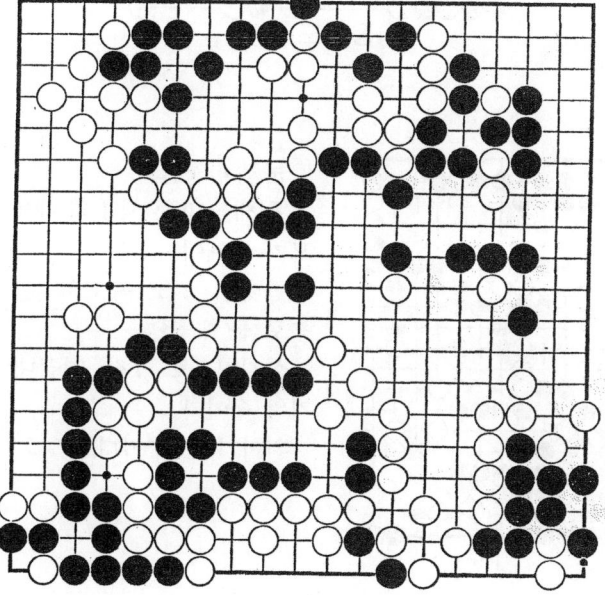

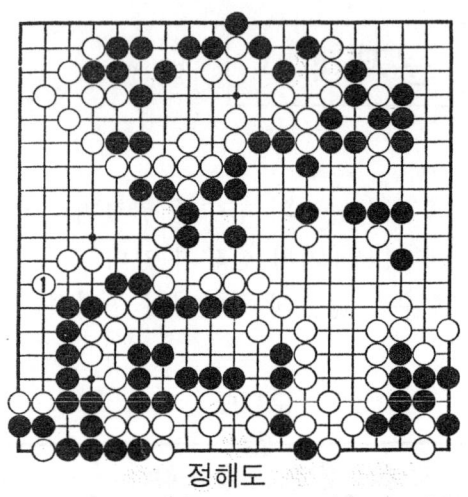

정해도

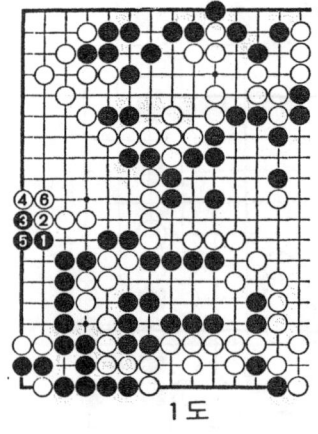

1 도

문제 **4** 해답

　정해=10점 백 1 의 마늘
모가 정해이다.

　반대로 1 도 흑1의 선
수로 둘 수 있다.

　실질적으로 7집 역끝내
기의 수이다.

　의미가 큰 수이다.

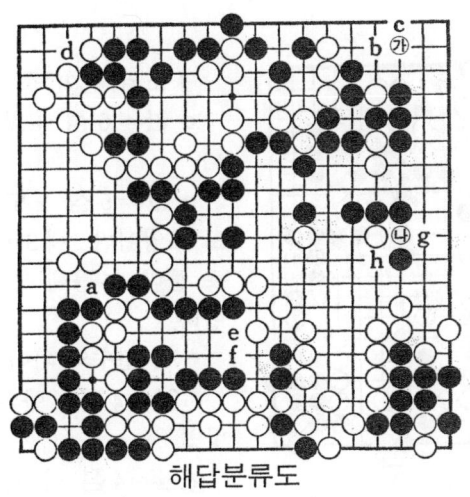

해답분류도

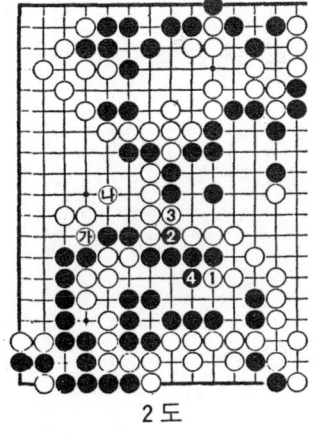

2 도

**해답분류**

**a 안＝8 점** 2 점을 끊어 잡는 것도 큰 수이다.

다음 1 도가 있다.

**b 안＝8 점** 이런 형에선 이곳도 정형이다.

큰 끝내기다.

1 도 다음 흑㉮의 받음 이 좋다.

**c 안＝7 점** b 안과 같은 의미다.

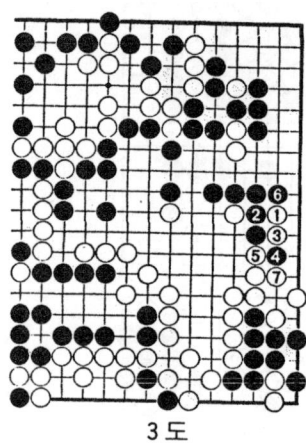

3 도

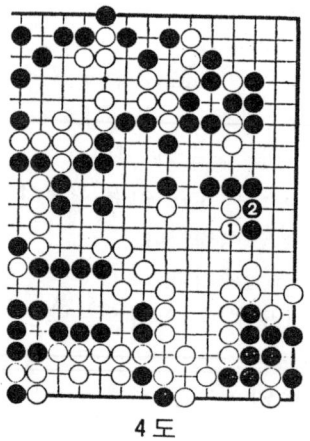

4 도

1도와 같이 둔다.

d 안= 6 점  8집 끝내기
다.

e 안= 5 점  2 도  흑 2
로 모양이다. 백 3에 흑 4
로 둔다. 다음에 ㉮, ㉯ 가
있다.

e 는 선수의 의미가 없다.

f 안= 4 점  e 안과 같은
방법.

g 안= 4 점  이 끝내기는
3 도 백 7 까지가 실질적이
다. 흑 2 로 중앙이 엷어진
다.

h 안= 4 점  g 안과 반대
생각.

4 도 흑 2 로 중앙에 두
지 않는다.

## 문제 5 백 선

힌트 정해는 의외의 수이다.
지금의 시점에선 역끝내기와 선수끝
내기를 살려야 한다.

문제도

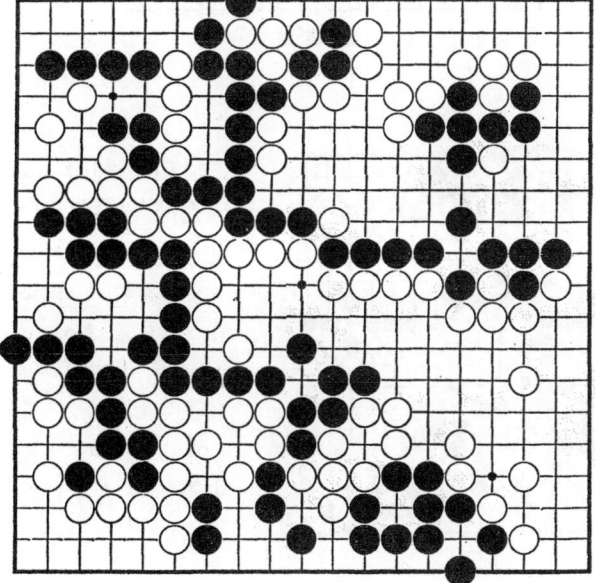

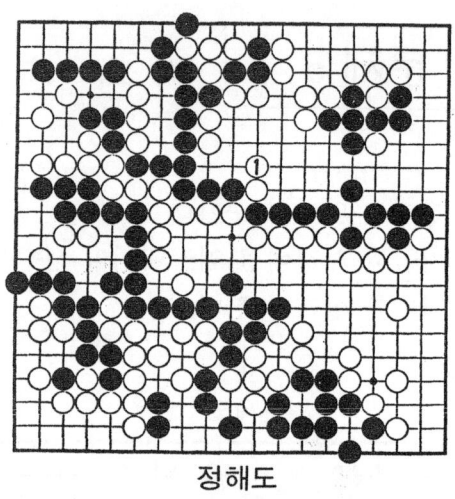

정해도

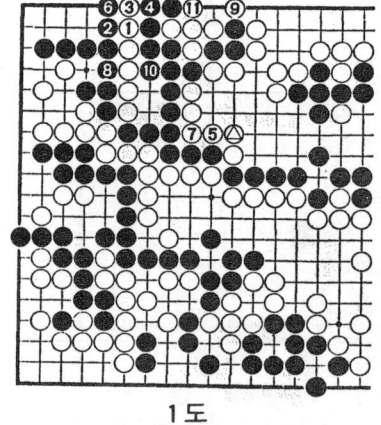

1 도

문제5 해답

정해 =10점 백1
의 뻗음이 정해이다.

실질적인 선수이
다. 다음에 흑이 손
을 빼면 1도의 백
1로 둔다.

이 모양에서 2도
의 흑1이 성립할까 ?

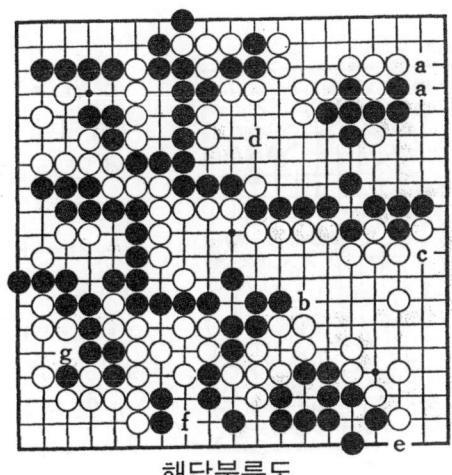

해답분류도

2 도

해답분류

a 안 = 8 점 이 수
도 무난하다.  9집의
수이다.

b 안 = 8 점 두터
운 끝내기다.

3 도 백 2 의 젖힘
엔 흑 3 의 맞젖힘이
있다.

백집이 감소된다.

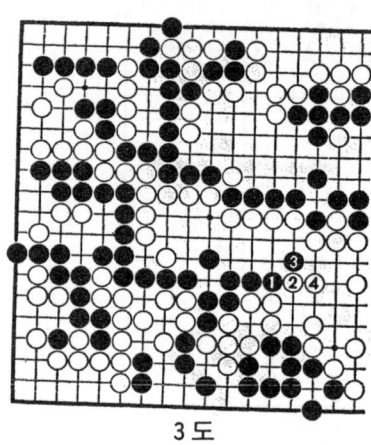

3 도

c 안＝7점　6집
의 수이다.

d 안＝6점　선수
는 아니다.

e 안＝5점　역끝
내기로 큰 곳이다.

f 안＝4점　5～6
집의 곳이다.

g 안＝4점　역끝
내기　4집의 수.

최후에　정해안의
가운데를　나타냄은
2도의 해답 표시이
다.

4도　7의 씌움으
로 2도의 1의끊음
은 성공할수 없다.

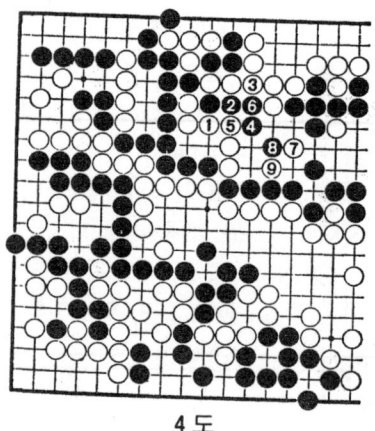

4 도

문제 6   흑 선

힌트 백의 결함을 찔러 이득을 취한다.

문제도

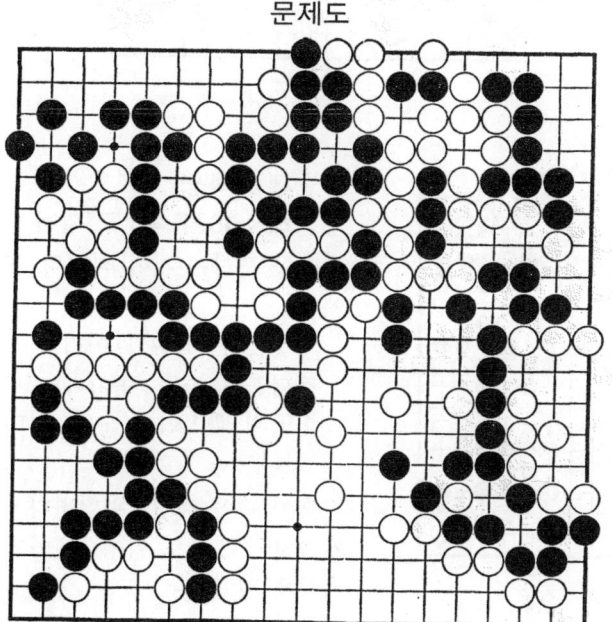

194

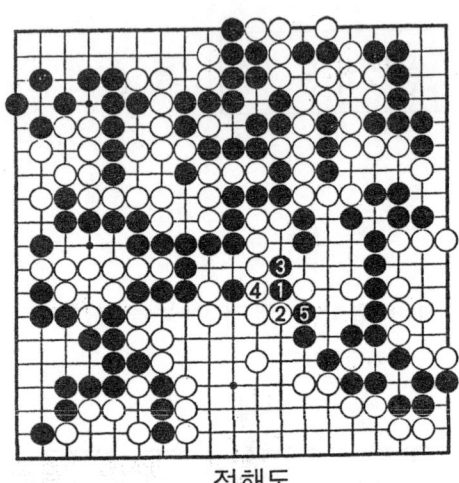

정해도

문제 6 해답

정해＝10점 흑 1 로 찔러 2
점을 생포하는 것이 최대의 곳
이다.

이곳은 존외(存外)이다.

해답률이 높은 곳이다.

1 도의 백 1 이 선수의 의미
가 있다.

흑이 손을 빼면 위험하다.
계속하여 3 으로 이어 대마가
사활에 걸린다.

1 도
❷ 손뺌

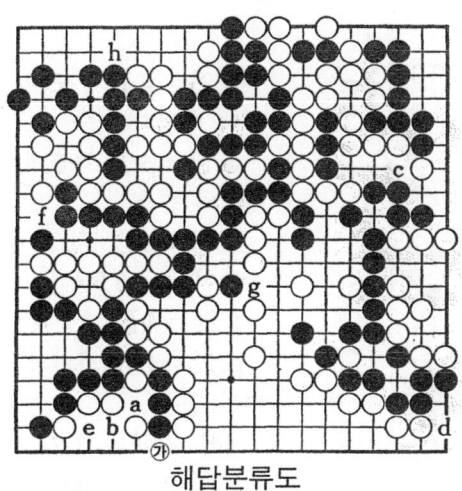

해답분류도

2 도

흑 4 에는 백 5 로 두는 수가
있다.

해답분류

a 안＝8점 평범하지만 큰
곳이다. 다음에 백 ㉮의 내려
섬이 있다. 1 도를 선수로 둔
다.

b 안＝8점 2 도 백 2 에 흑
3 으로 전부를 잡는다.

백 2 로 ㉮는 흑 2 로 두는
것이 선수이다.

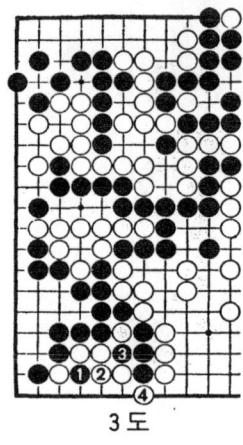

3 도

c 안 = 6점 1도의 수를 미연에 방지하는 수.

d 안 = 5점 역끝내기로 큰 곳이다.

e 안 = 5점 백b로 두면 2집 손해이다. (3도).

f 안 = 4점 역끝내기다.

g 안 = 2점 좌변의 돌과 관련된 수.

4도 1에는 백 2, 4의 준비. 6 이하 10으로 둔다.

h 안 = 2점 작은 곳이다.

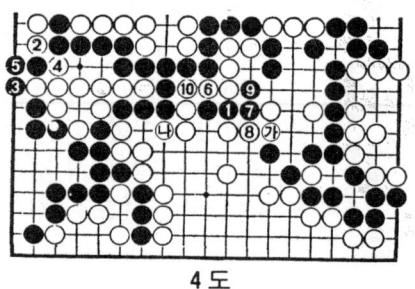

4 도

문제 7   흑 선

**힌트** 끝내기에서 평범한 수가 호수인  경우가 많다.

문제도

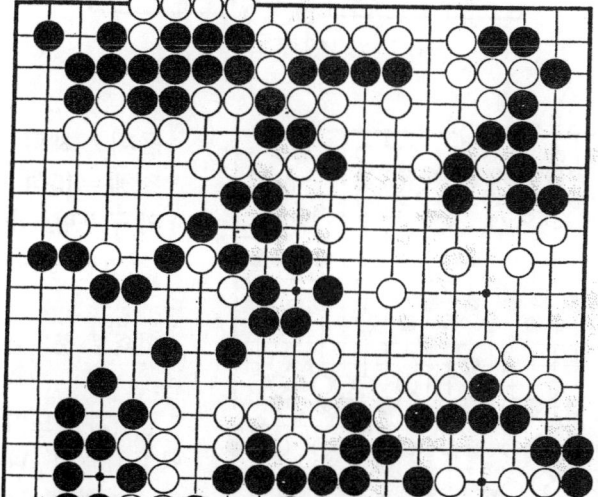

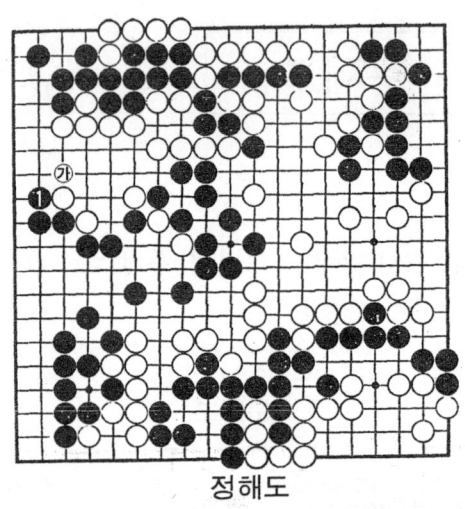

정해도

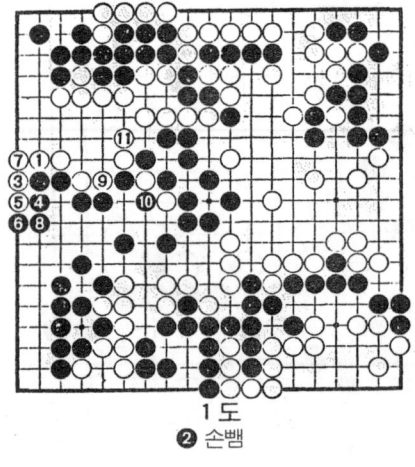

1 도

❷ 손뺌

**문제 7 해답**

　정해＝10점 흑
1의 구부림. 이수
가 평범한 호수이
다.

　의외로 큰 수이
다.

　증거가 1도이다.
백 1 내려섬 다음
흑이 손을 빼면 3, 5
의 젖힘 다음 11까

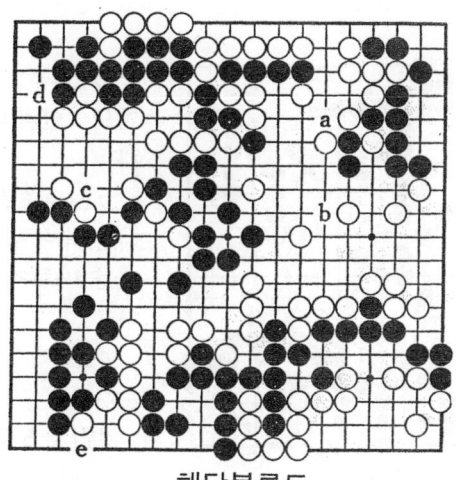

해답분류도

2 도
❺ 이음

지. 백집이 13집이
고 혹집은 7∼ 8
집 감소다.

　정해의 혹1 다
음 ㉮의 젖힘이 큰
곳이다.

　**해답분류**

　**a안＝8점** 2
도 혹1, 3은 두터
운 수다.

　백2에는　3도
혹7까지 요령이다.

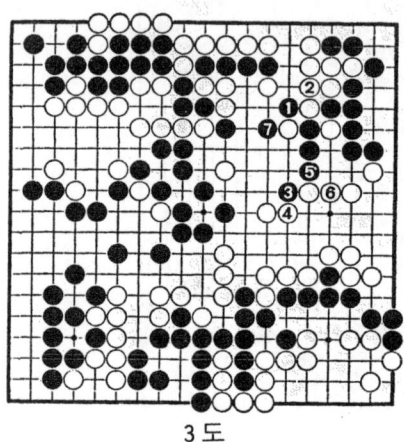

3 도

b안 = 7 점 이것도 a 안과 비슷하다.

c안 = 6 점 두터운 수이지만 정해를 따르지 못한다.

4 도 백 2, 4 로 둔다.

d안 = 5 점 좋은 수다.

e안 = 5 점 역끝내기의 의미가 있는 수다.

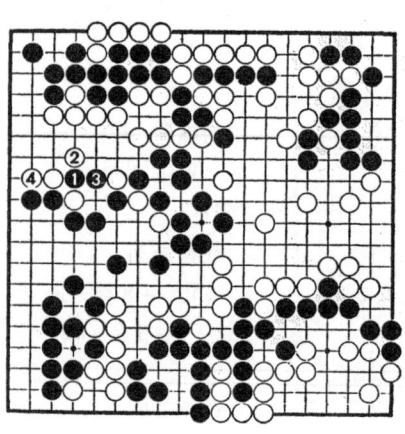

4 도

## 문제 8 | 백 선

힌트 하변의 백과 흑의 일단은 같이  2집
이 없다.
최대의 끝내기 방법은? 평범한 착수
가 정해이다.

문제도

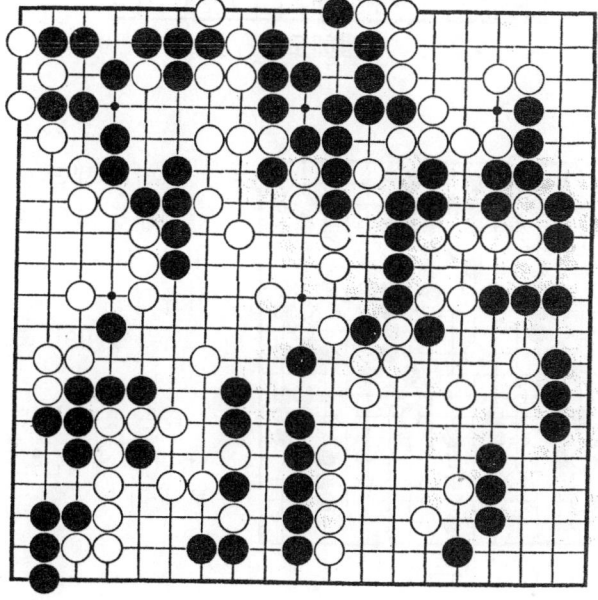

202

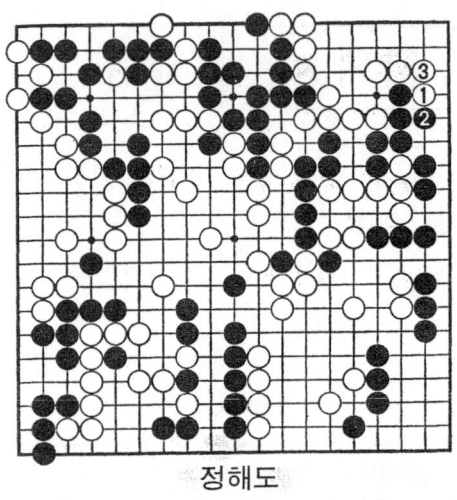

정해도

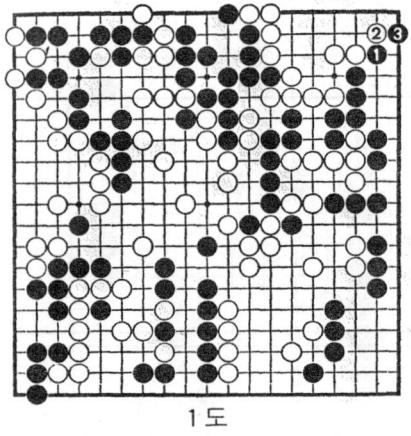

1도

문제 8 해답

정해 =10점 백 1의 젖힘이 정해 이다.

귀의 젖힘이 크 다.

흑은 팻감이 많 다. 1도 흑1, 3으 로 둔다.

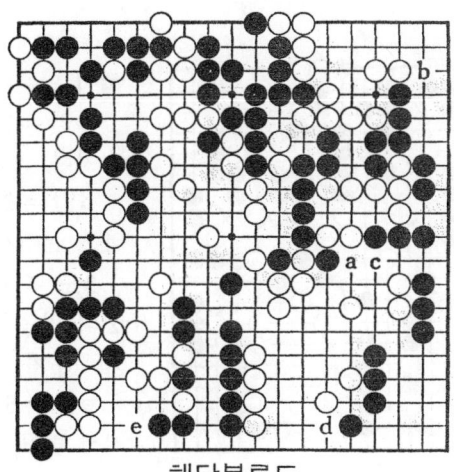

해답분류도

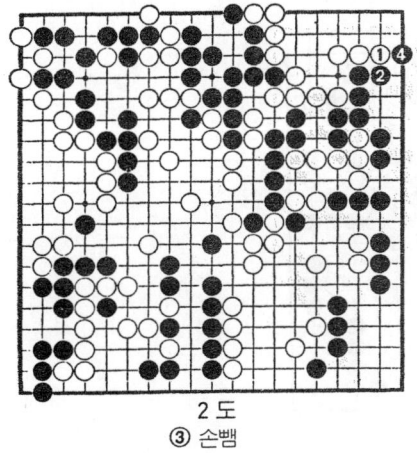

2 도

③ 손뺌

해답분류

**a안 = 8 점** 프로가 좋아하는 끝내기다.

뒷맛을 방지한 수.

**b안 = 7 점** 정해보다는 떨어진다.

2도에서 손을 빼면 **4**의 선수 젖

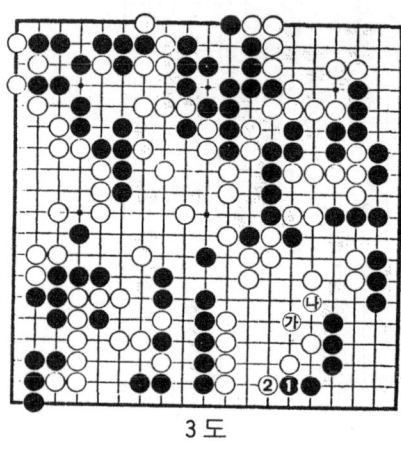

3 도

힘이 남는다.

c안＝7점 본
수이다.

d안＝6점 두
터운 끝내기다.

3도 흑1에 백
2의 받음은 다음
㉠, ㉡가 있다.

e안＝5점 여
기서 흑이 중앙을
절단하면 4도의
백 3 까지가 외길이
다.

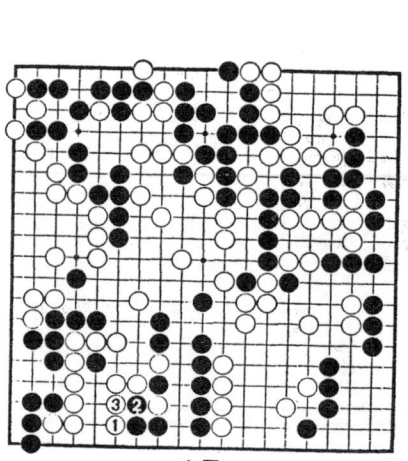

4 도

## 문제 9　　백 선

힌트 하변의 백돌은 ㉮나, ㉯의 곳을 둘
수가 있다.
최선의 착점은?

문제도

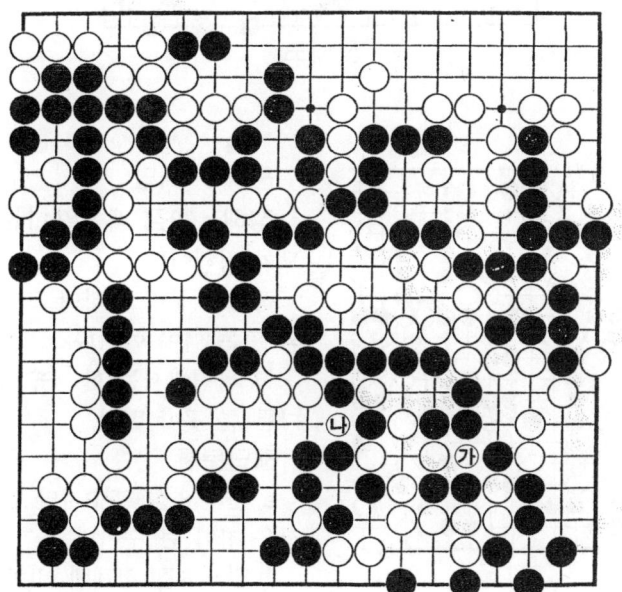

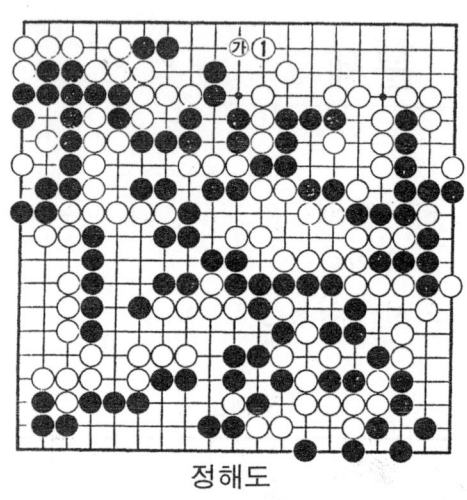

정해도

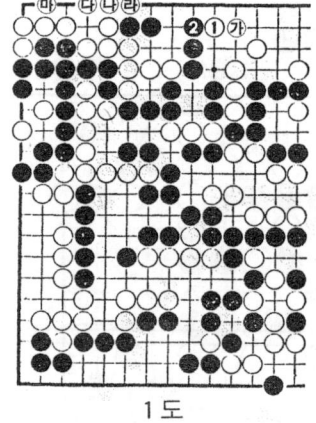

1 도

문제 9 해답

정해=10점 백 1 의 마늘
모가 정해이다.

상변에 둔다고 하여도 ㉮
의 곳은 맥이 아니다.

이 국면에서는 한 수로
다른 큰 곳이 많다.

**해답분류**

a 안= 8 점 후수지만 2
점을 잡아 큰 수이다.

b 안= 6 점 정해에 비하

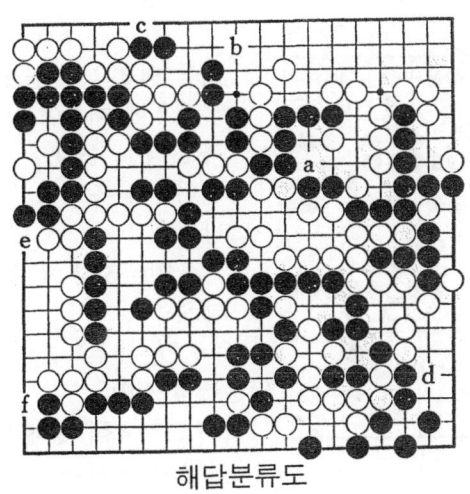

해답분류도

2 도

여 맥이 잘못된 수.

1 도 백 1 은 흑 2 의 받음 다음에 ㉮의 붙임이 남는 다.

흑 ㉯, ㉰ 에서 백 ㉳까지 2 집으로 간신히 사는 모양 이다.

정해보다는 3 집 손해이 다.

c 안= 6 점 이곳에서의 착상은 2 도 흑 2 의 받음

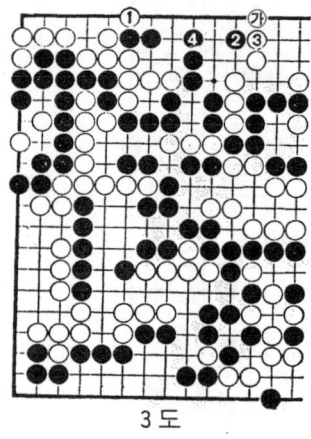

3 도

다음 백 3 으로 두는 수이다.

백 1 에 대하여는 3 도 혹 2, 4 로 둔다.

다음에 혹㉮의 젖힘이 남는다.

d 안=6점 이 수는 6집의 수.

e 안=5점 혹의 끝내기는 4도이다.

f 안=4점 정해에 비하여 작은 곳이다.

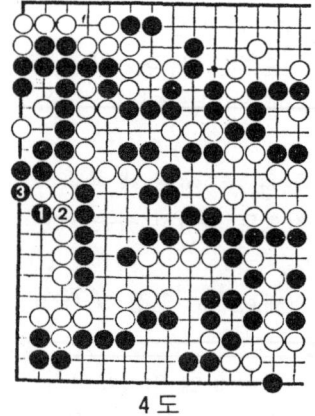

4 도

문제10 | 흑 선

문제도

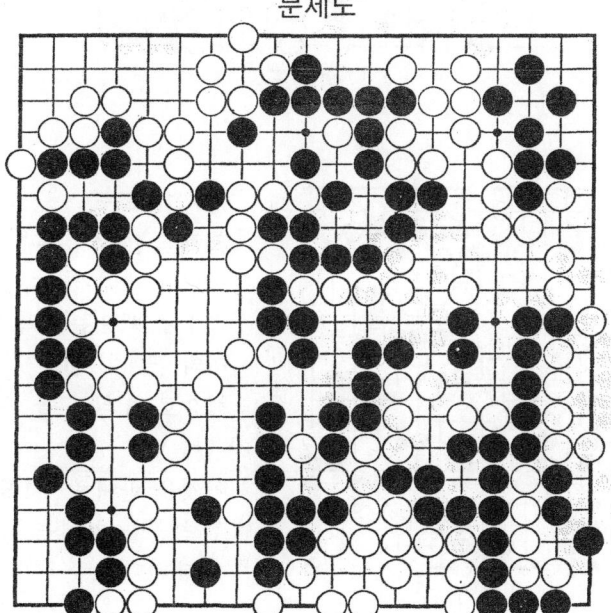

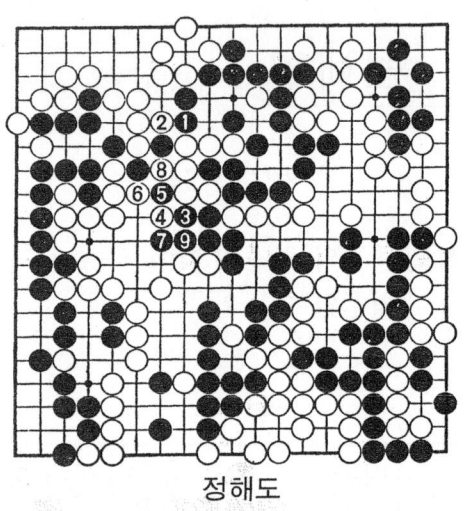

정해도

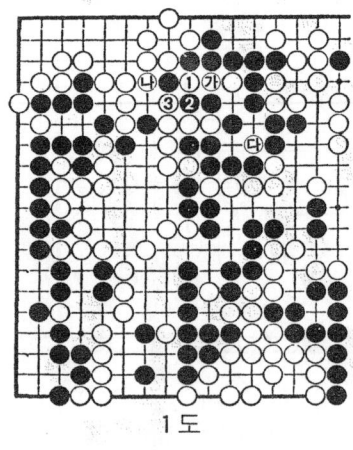

1 도

문제10 해답

정해＝10점 흑1의 부딪힘의 끝내기이다.

흑1에 백2는 흑3 이하의 끝내기이다.

백2로 3의 곳을 두 지 않는다.

이것을 반대로 1도 백1로 두는 차이는 너 무 막대하다.

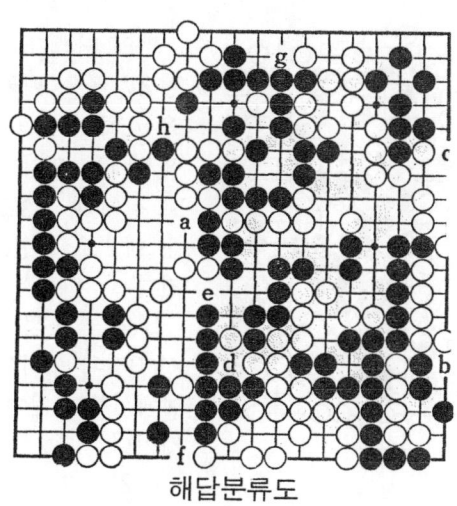

해답분류도

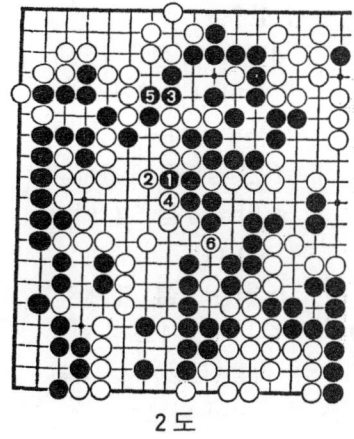

2 도

백 3 다음 흑㉮가 후수이다.

㉯로 때려도 선수는 아니다. 손을 빼면 백㉰에서 ㉮로 흑이 죽는다.

정해도와 1도의 ㉯의 때림을 비교하면 8집의 차이.

해답분류

a 안 = 8 점 정해와 비슷한 착상.

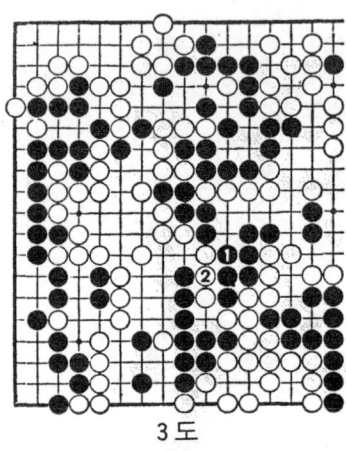

3 도

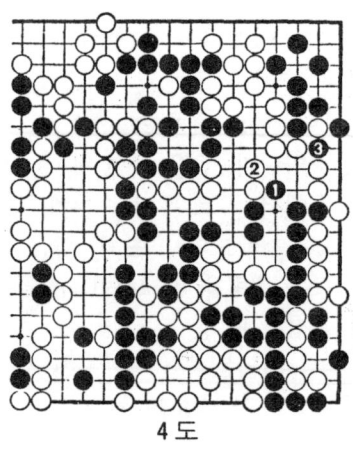

4 도

맥이 나쁘다. 2 도의 백2, 흑3 다음에 백은 4로 두는 수가 있다. 흑5에는 6의 젖힘으로 실패다. (3도 흑1은 백2로 하변이 멀어진다)

b 안＝7점 역끝내기. 3집의 수이다. 이 단계에서부터 완연한 끝내기이다.

c 안＝7점 이것도 역끝내기이다. 다음에 4도 흑1에서 3의 때림이 선수.

d 안＝6점 역끝내기. 두터운 끝내기. 1도와 같이 둔다.

f 안＝5점 호점이다.

g 안＝4점 5집 이하의 수이다.

h 안＝1점 정해와 한길 차이. 1도의 백1의 끊음이 정해로 침입의 뒷맛이 나쁘다.

# 당신의 종합 득점표

성적은 어떻게 나왔는가?

서반(序盤)은 좋으나 종반(終盤)은 나쁘다고 하는 사람, 중반(中盤)까지는 자신이 있다고 하는 사람, 평균적인 실력을 가지고 있다고 하는 사람 등, 이 표에 따라 당신이 이제부터 공부한 것을 평가하여 판단해 볼 때 당신은 어느 편에 속하는가?

한 판(一局)을 통하여 자기의 결점을 보완하려고 노력한다면, 당신의 바둑 실력은 한층 더 향상될 것이다.

| 초반의 부(部) | 점 | 급·단 |
|---|---|---|
| 중반의 부(部) | 점 | 급·단 |
| 종반의 부(部) | 점 | 급·단 |

| 종합득점 | 점 | 급·단 |
|---|---|---|

| 500점 | 480점 | 460점 | 440점 | 416점 | 392점 | 368점 | 342점 | 316점 | 290점 | 264점 | 238점 | 237점 이하 |
|---|---|---|---|---|---|---|---|---|---|---|---|---|
| ∫ | ∫ | ∫ | ∫ | ∫ | ∫ | ∫ | ∫ | ∫ | ∫ | ∫ | ∫ | |
| 499점 | 479점 | 459점 | 439점 | 415점 | 391점 | 367점 | 341점 | 315점 | 289점 | 263점 | | |
| 7단 | 6단 | 5단 | 4단 | 3단 | 2단 | 초단 | 1급 | 2급 | 3급 | 4급 | 5급 | 6급 이하 |

판 권
본 사
소 유

## 5. 당신의 급수를 체점한다

2013년 10월 15일 인쇄
2013년 10월 30일 펴냄

옮긴이/ 프로바둑연구회
펴낸이/ 최 상 일
펴낸곳/ 태 을 출 판 사
서울특별시 중구 신당6동 52-107 (동아빌딩내)
등록/1973년 1월 10일(제4-10호)

＊잘못된 책은 구입하신 곳에서 교환해 드립니다.

### ■주문 및 연락처

우편번호 １００-４５６
서울특별시 중구 신당6동 52-107 (동아빌딩 내)
**전화 / 2237-5577 팩스 / 2233-6166**
ISBN 89-493-0322-1          13690